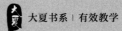

河北省社科基金"河北省'学生中心'教学实施现状及师生认同度研究"（HB22JY025）

以学习为中心

教学设计新思维

崔佳 著

华东师范大学出版社
·上海·

目 录
Contents

推荐序　不知学，何以教　　　　　　　　　　001
序　言　无设计，不教学　　　　　　　　　　005

第一章　学习中心理念：超越二元论的误区
一、"教师中心"真的过时吗　　　　　　　　002
二、"学生中心"真的合理吗　　　　　　　　005
三、"学习中心"超越二元论　　　　　　　　008

第二章　学情分析设计：跨越学与教的鸿沟
一、为何进行学情分析　　　　　　　　　　　014
二、学情分析的常见误区　　　　　　　　　　018
三、学情分析的内容是什么　　　　　　　　　021
四、何时进行学情分析　　　　　　　　　　　027
五、如何进行学情分析　　　　　　　　　　　032

第三章　学习动机设计：引发学与教的共鸣

一、学习动机的五个层面　　044

二、如何利用奖罚动机　　046

三、如何利用关系动机　　050

四、如何利用实用动机　　053

五、如何利用发展动机　　057

六、如何利用自主动机　　062

七、没有动机也没关系　　064

第四章　学习目标设计：共担学与教的责任

一、学习目标设计中的常见问题　　068

二、三维学习目标　　071

三、学习目标撰写方法　　075

四、学生参与学习目标设计　　080

五、学生自主设置学习目标　　085

六、关于学习目标水平的两个模型　　089

七、教师应审视学习目标的达成率　　091

第五章　学习内容设计：共创学与教的载体

　　一、学习内容设计常见误区　　096
　　二、以学习的进度组织学习内容　　097
　　三、用可视化的方式呈现学习内容　　098
　　四、用情境化的方式讲解学习内容　　108
　　五、用结构化的方式复习学习内容　　114
　　六、用多元化的方式丰富学习内容　　127
　　七、把学习方法纳入学习内容　　134

第六章　学习活动设计：承载学与教的功能

　　一、问答类学习活动设计　　146
　　二、高参与类学习活动设计　　156
　　三、思维可视化类学习活动设计　　164
　　四、评估类学习活动设计　　178
　　五、讨论类学习活动设计　　189

第七章　学习评价设计：确保学与教的改进
　　一、学习评价的目的是改进　　　　　　　　200
　　二、学习评价中教师常犯的错误　　　　　　203
　　三、五星学习评价理念　　　　　　　　　　207
　　四、促进改进的评价方案　　　　　　　　　214

后　记　慢慢来，比较快　　　　　　　　　　　231

推荐序

不知学，何以教

2016 年 7 月，我开始主持教育部的产教融合课程改革实验项目。我们组织开展了师说课改、课改沙龙、课程开发工作坊等一系列可谓是轰轰烈烈的活动。慢慢地，我们也开始觉察：作为一种普及、提示性的推动方式，这种热闹是必要的，但是若要真正触及课改深处，引发行动改变，往往是缓慢的、长期的，甚至静悄悄的，自下而上的，需要不断回望对目标的追问，对细节的持续深入探究。

在我们组织的一次研讨会上，一位老教师的发言令我印象深刻："我是一位具有 23 年教龄的老教师，自认为尽职尽责，今天想来，我从来没有思考如何调整课程结构，优化教学。教了 23 年，按部就班重复了 23 年。"这位老师的困惑，我想应该具有一定的普遍性。教师不知道为什么教，学生不知道为什么学，貌似忙碌的教学因而丧失了意义。喧嚣之下，我们是否先回归教育基本常识，追问：教学为了什么？是手段还是目的，是为了学生还是学校，为学科还是为学习？

教学旨在促进学生学习，崔佳老师的这本书开宗明义，立场鲜明。我们知道，从教到学的范式转型几乎是 21 世纪世界教育变革的趋势，"以学习为中心"已成为我国新一轮基础教育课程改革向纵深推进的重要路径，这也是提高教育教学质量的内在要求。从教到学，不仅仅是技术的演进、方法的变革,我更愿意理解为思维的转变。

这本书始终聚焦"学生"与"学习"两个核心变量。学生学习是教学设计的逻辑起点,学情缺失是教学设计最大的缺失。与当前很多流于形式的学情分析不同,崔老师提供了全面的学情分析内容、细致的学情分析策略。学情分析不止于分析,而是基于学情分析的教学改进。

如何激发学生的学习兴趣?首先触动学生的,往往不是知识点和技能,而是要激活学生的学习感受与情感态度。所以,不仅关注学生的学习基础及学习方法,崔老师关照更多的是学生的学习情绪、情感的联结。对学习落后的学生,她想的是:如何让他们进步一点?对课堂上情绪不佳的学生,她想的是:如何关心又不影响其他同学的学习?对课堂上百无聊赖的学生,她想的是:如何把他们邀请到学习中?

"什么是学习?如何有效地促进学习?"从这些基本问题出发,这本书绘制了教学设计的全景,涵盖了从学情分析的开展到学习目标的构建,从学习内容的呈现到学习活动的组织,从学习动机的激发到学习评价的设计。聚焦"学习如何发生",崔老师不谈教学目标而谈学习目标,不谈教学内容而谈学习内容,不谈教学活动而谈学习活动,不谈教学评价而谈学习评价,她时刻在提醒"学习"是第一要义;崔老师关注教师如何改进教学,关注学生如何改进学习,关注教师如何通过改进教学促进学生学习的改进,她时刻在提醒"改进"才是目的。

本书坚持"学生视角""学习立场",案例鲜活,表达亲切,富有新意,建议具有可执行性,每个教学设计环节都提供了思路、策略与工具支持。其中一些简单有趣的方法,会让你眼前一亮,跃跃欲试。

虽然本书聚焦"以学习为中心",但我和作者观点一致:教师的教学和学生的学习不是非此即彼的二元对立关系,也不是条件和主体的关系,教学本身是动态、连续、开放的互动生成的过程。在真实具体的教学情境中,教与学也从来是相互交织、相互作用、教学相长的关系,教能转变成学,学亦能转变成教;老师是站着的学生,学生是坐着的老师。所以,孤立地强调"以教为中心"或"以学为中心"都是片面的、非理性的。"纸上谈来终觉浅,绝知此事要躬行",如何更好地理解与掌握教与学的关系?我们还是建议你向热气腾腾的教学现场要答案,学生就是我们最好的老师。

教学的本质是学习体验的传递过程。所以,教师首先应是学习爱好者,深度参与的学习体验是好教学的前提;其次,教学即学术,教师即研究者,教师需要时刻保持研究者的敏感与责任,在教与学的实践互动中,在师与生角色的切换之间,坚持审视与改进。基于实践的反思,是化解教学问题唯一的方式。

我向大家推荐崔佳老师的新书,因为崔老师首先是一位热爱教育、长期坚守教学一线、深受学生欢迎的优秀教师;其次,她躬耕课堂,学以致用,用以致学,是一位"用脚思考,用脑袋走路"的勤奋的研究者;更重要的是,她是一位热爱生活、真诚、善良、有趣的人。

课程即教师,教师即课程。

教育部学校规划建设发展中心课程建设协同创新中心　秘书长

张振笋

序 言

无设计，不教学

我在一所学校培训时，请在过去的一年里读过至少两本教学设计相关书籍的教师举手。偌大的报告厅安静得很，没有一位教师举手。我觉得很遗憾，同时也觉得是一个契机。我告诉他们，一名优秀教师一定是一个对教学着迷的人，而读教学设计相关书籍正是精进自己教学的捷径。我还说以前没读过也没关系，从现在开始读也不晚。我在内心也悄悄对自己说，一定要写一本有关教学设计的书，一本能让教师们愿意读、读了愿意尝试改进教学的教学设计书。

我观察过很多课堂，跟很多一线教师交流过，与很多学生面对面探讨过，也自己亲身实践过，积累了很多具体的案例和实施流程。我仔细地加以整理，认真地思考和总结，形成了这本书。

一谈到教学改革，教师们总是站在"学生中心"的对立面去批判"教师中心"，也总是想用各种方式来证明自己做到了"学生中心"教学。我想，当我们把一个角色放到中心的时候，对它的理解就可能产生偏颇，践行上也可能偏航，索性不如把"学习"放到中心。如果学习是中心，那教师也是在学习的学生，学生也是在学习的教师。角色意识淡薄的时候，学习意识才能够提升。本书第一章超越了"教师中心"与"学生中心"的对立，以统一的视角审视"学习中心"。

在观察一线教师的教学现场时，我发现很多教师在课上组织了学习活动，比如学生之间的 PK 赛，但是他们往往只是为 PK 胜利的学生鼓掌，却很少为那些暂时落后的学生做些什么。如果把 PK 赛当作一种收集学生学情的方式，教师们很少对这些学情有所回应。本书第二章强调学情分析不只发生在课前，而且必须贯穿整个教学全程，最重要的是教师要针对学情及时、动态地调整教学。

跟很多教师交流时，他们最头疼的就是学生的学习动机。他们总觉得学生不学习，教师教得再好也无用，还有教师认为学习动机的激发是班主任、家长的责任，与自己无关。的确，大部分学生并非在心态或动机上做好了准备才来学习，他们更多是懵懵懂懂地就坐到了教室里，但责备学生毫无意义，不如主动为此负责。本书第三章分享了学习动机的类型及其相应的激发策略，可帮助教师在教学中灵活激发学生的学习动机。

有教师认为不需要给学生呈现学习目标，因为呈现了似乎也没什么教学效果。我反问他，是呈现学习目标无效，还是没呈现学生能理解的学习目标？或是没有教会学生利用学习目标？如果不呈现学习目标，那又如何实现学习的自我监督和自我评估呢？本书第四章从学习目标设计中常见的问题出发，梳理了学习目标撰写和应用的方法，让学习目标成为学生学习的工具。

一提到学习内容，很多教师说第一时间想到的就是教材内容和考试内容，但是对于如何更好地呈现、组织学习内容才能有助于学生理解并运用所学内容，常常束手无策。除此之外，很多教师也只教学科知识，很少教学习方法。本书第五章不仅将学习方法纳入学习内容的范畴，还强调要基于学生的学习进度组织学习内容，同时提供了一系列组织学习内容的方法。

很多教师的课非常紧凑，一个学习活动接一个学习活动，课堂氛围也非常热烈，学生的参与度非常高。可是，冷静思考后就会发现，热闹背后却可能是一种凄凉：有的学习活动只有几个学生参与；有的学习活动只是激发学生表面参与，而并没有引发学生深层次的思考；有的学习活动并没有促进学生学习。本书第六章以促进每一位学生深度思考为目的介绍了五类学习活动的组织流程。

虽然以评促教、以评促学的观念已经被教师广泛认同，但是一旦回归到课堂，教师总把评价当作赋分并据其将学生分层的工具，而不知如何利用评价结果来改进自己的教学，学生也往往只在意自己的分数，而不知如何利用评价反馈来改进自己的学习。本书第七章以改进为核心提出五星学习评价理念及其具体的实践方案。

一本书本身没什么价值，除非有人读到它、除非读到它的人利用书中所提供的信息去实践。这本关于教学设计的书，如果有幸被你发现、阅读，那就再进一步，把书中所提供的各个教学设计工具和方法在你的教学实践中试一试。用你的行动去检视它的正确性和有效性，用你的经验去优化它、丰富它，最终发展你自己的教学设计。

最后，我想说谢谢。

谢谢我的家人。我很幸运直到这个年纪，他们还在支持我的学习，无怨无悔。

谢谢我的学生。我很幸运遇到了那么多真诚的学生，他们会诚恳地反馈我做得好与不好的方面，帮助我不断反思和改进我的教学，他们是这本书的灵感源泉。

谢谢与我相逢过的诸多一线教师。我很幸运参与他们的课堂，了解他们的教学困境、发掘他们的教学经验、回应他们的教学问题。在这本书里，总能捕捉到他们的影子。

谢谢款语温言的编辑任红瑚女士。这是我们相识的第三年，已然从编辑与作者的关系超越为朋友关系，她倾听我各种奇奇怪怪的想法，还关照我的生活。

也谢谢你打开这本书，这也是我的幸运。

第一章

学习中心理念：超越二元论的误区

一、"教师中心"真的过时吗

1. 对"教师中心"理念的误解

"教师中心"是一种泛指,具体包含"教材中心、教师中心、教室中心"三方面,它常被当作传统教育理念而被人诟病。"教师中心"常被理解为"教师在教室里讲教材",是教师以满堂灌输、照本宣科、一讲到底、不考虑学生实际的方式进行教学,不进行师生交流互动,不留时间给学生进行思考和讨论,或者限定学生的思考方向和方式。"教师中心"假设教师掌握所有知识,学生只掌握很少或没掌握,教师要传授和制定标准,并且相信这样的方式能够有效促进学生的发展。

一般认为,"教师中心"体现了以教师为本位的教学关系——教师是知识的占有者和传授者,是课堂的主宰者。但事实上,教并不代表学,教也并不等于学,只有真正地引起了学生知识、思想、情感的变化以后,即产生了学生学习的结果,才是有意义的教。

"教师中心"之所以进入人们的视野,其目的在于给"学生中心"树立一个批判的靶子,大多是为了证明"学生中心"的有效性和必然性而被人为制造出来的。在教育史上,并没有哪个教育学派明确提出"教师中心"教育理念,也没有哪位学者声称自己支持"教师中心"理念。但很多教育家的思想被断章取义,于是他们被动地成为了"教师中心"的代言人。比如因为赫尔巴特关心教师如何教,而不是学生如何学,于是被扣上"教师中心"的帽子,但是这显然忽略了赫尔巴特对学生兴趣和学生个性的关照。他明明也曾说"多方面的兴趣产生于这些事物与活动的富源中。创造这种富源,并把它恰如其分地奉献给儿童乃是教学的任务"[①],他也曾说"我们必须突出个

---

① 赫尔巴特, F.J.普通教育学·教育学讲授纲要[M].李其龙,译.杭州:浙江教育出版社,2002:51.

性……青年人的个性是在教育者努力教育中愈益显露出来的……这种个性具有鲜明的轮廓,及至明显地显露出来"①。很显然,赫尔巴特被误读了。当然有如此命运的不是赫尔巴特一个人,凯洛夫、夸美纽斯等教育家都没逃脱被断章取义、扣上"教师中心"帽子的命运,屡屡被当作新教育所批判的对象。"教师中心"也屡屡被吐槽早过时了,不应出现在课堂上。

现在还流行着对"教师中心"理念的一种更简单粗暴的误读,认为只要教师在课堂上讲得多、规定得多、决定得多就算是不尊重学生,不考虑学生,就是对"教师中心"理念的践行。如果说一位教师只关心自己备课是否简单、讲课是否轻松、能否完成教学任务,至于学生动机的激发、思维的调动、知识的理解等均不在考虑范围之内;如果说教师只关心自己的教学权威,对学生的观点、学生对某些教学决策的异议等都选择性无视,那对这样的"教师中心"进行抨击,自然无可厚非。事实上,没有哪一位教师为"满堂灌"说话,更没有哪一位教师完全不考虑学生的发展。我们承认有些教师在备课、授课、教学评价等方面的确存在一些问题,但是大多到不了绝对的"教师中心"的层次。

2. 理解"教师中心"的其他方式

(1)"教师中心"是一种教学事实。

在"应试"的背景下,有很多教师的确剥夺了学生的思考空间,他们喜欢用自己的思维来代替学生的思维,并希望学生据此形成思维定式,以便在考试的时候节省思考的时间;也有很多教师采用"满堂灌"的方式来进行教学,不让学生探究和自主发现,以便在有限的时间里尽可能多地覆盖考点;还有不少教师是"标准答案"的忠实拥护者,学生的奇思妙想、不同意见被他们当作洪水猛兽,一律予以排斥……但即便如此,也应将"教师中心"理解为一个事实,而不是一种被信仰的理念。

---

① 赫尔巴特,F.J.普通教育学·教育学讲授纲要[M].李其龙,译.杭州:浙江教育出版社,2002:44-45.

将"教师中心"理解为一个事实,意味着目前课堂教学中存在的各种弊端,如教师只管照本宣科,无视学生的兴趣和个性的"满堂灌"现象,并不是因为教师主观上信仰"教师中心"理念所致,而是由一些暂时不可控的因素所致。比如,教师的讲授水平不足,无法调动学生的积极性;教师对学生的理解不足,难以设计出符合学生认知规律和学习需求的教学方案;重比赛轻日常的学校氛围,让教师只关注几节公开课的教学而没时间投入到日常教学中;重科研轻教学的大环境,让教师不愿意在启发学生、引导学生上花费足够的时间和精力……总之,教师大多也希望自己的课堂能够有生动活泼的讲解,有热烈而深刻的讨论,有循循善诱的启发和豁然开朗的收获,但常因自身水平有限、外部环境支持不足等原因导致他们只会"满堂灌"、只会照本宣科,他们自身并没有认可或信仰"教师中心"理念。他们只不过暂时无力扭转这一状况。屡屡被诟病的"教师中心",其实有可能仅仅是一种无奈的教学事实而已。

(2)"教师中心"是一种教学实践方式。

一名教师在课前精心备课,设计好了严格的教学环节和流程,并在课堂教学中加以运用,在实施过程中,学生的思维被教师的设计所吸引,产生了明显的兴趣和求知欲,最终收获颇丰。这样的一堂课,如果从课堂设计和实施的角度来说,它无疑是"教师中心",因为学生似乎是在被教师"牵着鼻子走",但是学生并不是仅仅在被动地听课,而是积极主动地跟着教师的思路走,他的学习动机和兴趣也被关照了。所以,单纯因为教师进行了严格的教学设计和实施就判定是一堂过时的"教师中心"课堂,并不妥当。从学生学习效果来审视,"教师中心"也是一种教学实践方式,教师以这种方式达成了教学目的。

(3)"教师中心"是教学中的某一个环节。

很多现在被广泛认可的教学模式都有"教师中心"实践的影子。以对分课堂[①]为例,教学被分为四个环节:教师精讲、学生独学、小组讨论、对话

---

① 对分课堂是复旦大学心理学系张学新老师提出的一种课堂教学改革模式。其特点是把一半课堂时间分配给教师进行讲授,另一半时间分配给学生,并以讨论的方式进行交互学习。

答疑。在教师精讲环节，是教师决定讲什么、讲多少、怎么讲。因为教师手中所掌握的这些"决定权"，似乎也可以被贴上"教师中心"的标签，但事实上，这仅仅是教学中的一个环节，而在此环节，教师所做的每一个决定都基于对学生学情的理解与分析。

总之，强行把"教师中心"放到"学生中心"的对立面，并非明智之举。与其批判"教师中心"理念，不如客观审视教学中出现的"教师中心"的实践，理性看待其内涵，并考虑如何提升教师教学效果和学生学习效果。

二、"学生中心"真的合理吗

1. "学生中心"理念的内涵

在今天，"学生中心"是教育理论界的一个时髦口号。有人提出"树立学生中心理念是提高人才培养能力的关键"，也有人强调应该"留给学生更大的选择空间，使'学生中心'的教育理念得以真正地落实"。层出不穷的各类创新教育模式和教学方案都声称坚持了"学生中心"的变革思路。其实，"学生中心"这一理念之所以流行，是因为人们对"教师中心"的嫌恶。学术界普遍将"教师中心"和"学生中心"视作互相对立的两种教学理念，而"学生中心"则是对"教师中心"的超越和纠偏。

目前，被学界广为接受的"学生中心"理念是赵炬明教授提出的"新三中心"。他把"学生中心"拆解为以学生发展为中心、以学生学习为中心、以学习效果为中心，三者分别对应着学习目标、学习过程和学习评价。

以学生发展为中心有三层意思：以学生当前状态为基础促进其发展；完成学生所处认知阶段的特定发展任务；挖掘学生潜力促进其全面发展。以学生学习为中心有两层意思：把学生学习作为教学的中心，让学生为自己的学习负责，培养其主动学习和自主学习能力；学生参与的所有活动都要以学习为中心。以学习效果为中心有两层意思：把学生学习效果作为判断教学工作成效的依据；重视测量和反馈在学习中的价值，建立有效反馈机制。其中，学生特指每一个学生，要求教师关注每个学生的全面发展、让每个学生都为自己的学习负责、重视每个学生的学习效果。这样，"学生中心"也可以理解为"以每个学生为中心"。

为了实现"学生中心"，教师要承担依据学生特点和学习需求设计教学过程、营造学习环境的责任，要在学生学习过程中扮演设计者、引导者、支持者、辅导者和合作者的角色。在教学中，教师要注重倾听学生对教学内容的建议，尊重学生的个性和学习方式的多样性，允许学生按照自己的方式安排学习内容、学习方式、学习节奏和学习过程。

"学生中心"理念中蕴含着有教无类的思想，"以每个学生为中心"体现了教学公平。在课堂上一些底子薄弱、性格孤僻的学生很容易被忽略，教师有时候会觉得他们妨碍了教学的顺畅性，耽误了有效教学的时间。"学生中心"显然不允许任何一个学生掉队，无论何种学习基础、学习状态的学生都应被给予持续的学习支持。

2. 对"学生中心"理念的质疑

"学生中心"虽然在理论上更富有人性关怀，更尊重学生个性，但是仍然有一些质疑的声音出现。

（1）"学生中心"教学真的能考虑每个学生的学习特点与需求吗？

"学生中心"强调依据学生特点和学习需求设计教学过程，这遵循着人本主义的立场。但是，有几个问题需要考量：学生如此多元，如何考虑每个学生的学习特点与需求呢？即便能把握每位学生的学习特点与学习需求，教师又如何配合每位学生的特点与需求进行教学呢？再者，学生是否了解自己的学习需求是什么呢？既然如此，何不换一种考虑方式：在不了解学生学习需求和学习兴趣的情况下，应如何进行有效教学？

（2）"学生中心"教学是否忽略了教师的成长？

"学生中心"的表述过于强调学生的学习和发展，而忽略了教师自身也需要不断成长和发展。众所周知，"教学相长"才是教学的本义，教师在与学生互动的过程中也在被学生触动着而发生知识和思维等深层次的升华，这些升华会反哺学生，构建为一系列螺旋式提高的学与教的过程。教师为学生提供教学、引导、反馈等学习支持，促进学生学习，而教师在备课的过程中、在回答学生所提出的生成性问题中、在与学生的社会性交往过程中，也能够启发自身、获得成长。

（3）"学生中心"是否给了教师太多的压力？

"学生中心"教学要求教师具备非常高的随机应变能力、启发引导能力，教师要在学生对学习不感兴趣的时候引导他们主动探究与思考，要在学生思路跑偏的情况下把学生引回学习主题，要在学生发言内容肤浅的情况下将其发言提炼到具备足够深度又便于学生理解的程度……这些高标准严要求都是理想教学的样态，但是对于很多教师而言未免不太现实。教学本就不应该只想着如何尊重学生、基于学生、发展学生，而不考虑教师备课、授课的难度和压力。如果从这个视角来看，"学生中心"主张有时候会犯"目中无人"的错误，因为并没有考虑教师的实际状态和具体需求，没有考虑是否超出了教师的"最近发展区"。这大概也是为何教师在实施"学生中心"教学时常常走进各类陷阱的原因。

3. "学生中心"教学实践中的常见误区

（1）对"学生中心"教学的曲解。

坦白说，"学生中心"的观点虽然盛行，甚至在很多教学比赛、政策文件中均被屡屡提及，但是，大部分教师并不清楚它的内涵，也不知道如何践行，有些教师不敢提出任何学生不想、不愿做的任务需求，俨然成了"以学生满意为中心"，曲解了"学生中心"的原本含义。也有些教师过于尊重学生在学习中的想法、兴趣和意志，导致学生在缺乏准确、及时的指导的情况下，无法按时按质完成学习任务，也无法获得理想的学习结果，实现既定的学习目标。

（2）"学生中心"教学的知行不一的现象。

在理念上认同"学生中心"并不难，但是纵观教育现场，又很遗憾地发现，教师的课堂与教师的说辞并不匹配：一个口头上号召着"学生中心"的教师,在"满堂灌";一个说会及时与学生互动的教师,在提问之后立刻点评对错;一个说理解学生的教师,在学生沉默时惶恐不安……因为在课堂上多听了学生几句话,就自诩为实施"学生中心"教学的教师比比皆是,其实他们可能还常常固守着自己知识拥有者、知识权威者、知识传递者的角色而不自知。

(3)"学生中心"教学的不当应用。

启发式教学、探究式教学、讨论式教学等常因尊重学生的主体地位而被视为"学生中心"的教学模式,而它们却常常因不当应用而遭到多方的反对。对学生而言,他们因为只能接收到少量的指导而感到迷茫、困惑,也常因为大量的自主学习任务而造成认知负担;对教师而言,他们也常抱怨"学生中心"教学的效果并未提升,但学生却比以前更难管了、课堂也比以前更乱了;很多学者也在吐槽"学生中心"教学有活动却没体验,合作和探究有形式却无实质,课堂有温度却无深度。总之,"学生中心"教学的质量很多时候并不像人们期待的那么好,甚至可以说缺点更多,弊端更明显。

三、"学习中心"超越二元论

1. 重新审视"教师中心"与"学生中心"

学生的主动学习、自主思考、对话探究等都被看作"学生中心"理念的体现。从理论上讲,这种崇尚探究、主动和尊重的观点给人以积极印象,但是在教学中,纯粹的"学生中心"未必能让一个懒散的学生变得勤奋,也不一定能让一个贪玩的学生变得好学,而且一些重要的思考方式和结论学生未必能够自主"探究"出来。在纪律上,学生需要教师的督促和提醒;在内容上,学生需要教师的提示和启发;在方法上,学生需要教师的指导和示范;在情感上,学生需要教师的支持和引导。

只不过,一旦在学生提出疑问的时候予以提示或解答,在学生的思考走上歧途的时候进行纠正,在学生厌学、偷懒的时候进行批评和制止……就会被扣上"教师中心"的帽子，给教师莫大的舆论压力。事实上，即便"学生中心"的教学也不应削弱教师的价值，教师可以在恰当的时候提示学生思考而不一定直接告知，也可以在适合的时机鼓励学生表达自己的看法而不是用"标准答案"禁锢学生的思维。学生思考越积极、探究越主动、自主学习效率越高，恰恰说明教师的作用发挥得越好。

如此看来，"学生中心"并不一定意味着好的教学，而"教师中心"也不一定就是坏的教学。纠缠于到底是学生还是教师应该居于"中心"位置是一种二元论的思路，对任何一方的支持或批判都是一种"非黑即白"的极端思维。在新课改中经常会听到对立的观点："学生中心"主张尊重学生，而"教师中心"常践踏学生尊严；"学生中心"关注学生的学习兴趣，强调以兴趣为基础，而"教师中心"无视学生的兴趣，总是逼迫学生学习；"学生中心"强调学生知识、情感、技能、价值观的多元发展，而"教师中心"只关心知识的传授和记忆。其实，这更多的是人为地将两种观念对立，也总是在这种语义环境下将教师和学生推向对立的局面。

只有着眼于实际的教学效果，努力探寻一种让学生收获最大的教学方案，才是正确的途径。"学习中心"就是从教与学的过程和效果出发，超越了"教师中心"与"学生中心"的对立，以统一的视角审视教师与学生的角色。

2. "学习中心"理念

如前所述，无论"学生中心"还是"教师中心"，其实都陷入了一种对立立场，是前者为了反对后者而兴起的一种思潮。哲学的对立统一观认为，任何事物以及事物之间都包含着矛盾性，矛盾双方又统一又斗争，推动了事物的运动、变化和发展。以对立统一的视角审视"教师中心"与"学生中心"，能看到两者之间的矛盾、斗争，以及两者对学生学习和教师教学的共同作用。参照帕尔默在《教学勇气》一书中的观点，在教师和学生之间，有一个交汇之处，它链接着师生一切教与学的行为，那就是学习本身。比起强调角色的"教师中心"和"学生中心"而言，链接教师与学生、教与学的"学习"成为中心，似乎更能推动对教学的理解和实践。

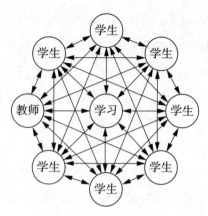

图 1-1 "学习"中心理念

"学习中心"理念（图 1-1）基于师生学习共同体而构建。师生学习共同体就是指一个由学生及教师共同构成的团体，他们彼此在学习过程中进行沟通、交流，分享各种学习资源，共同完成一定的学习任务，因而在共同体成员之间形成了相互影响、相互促进的人际联系。简单地说，师生学习共同体就是教师与学生聚在一起，交流、合作，学习某个知识，完成某个学习任务。大家都知道"一群人可以走得更远"，所以，寄托在人与人的交互中的学习共同体也必然会带来更大的学习效益。

"学习中心"中的"学习"有多重含义，既可以指包含学习内容、学习目标在内的学习主题，也可以指质疑、辩论、讨论、阐释等学习行为，还可以指包含研判、改进等在内的学习评价。"学习"具有动词和名词双重属性，既可以表示学习的动作，也可以表示学习的结果。"学习"的主体也是多元的，既可以是教师，也可以是学生，既可以是以班级为单位的大学习共同体，也可以是几个人的小学习共同体（图 1-2）。教师游走在各个小学习共同体之中，参与讨论；小学习共同体之间也会交互作用、促进学习。

当"学习"成为中心，教师与学生都在共同体中有一席之地，双方处于平等的地位，双方都有教和学的责任，无所谓谁比谁更懂，谁来控制谁，谁来指导谁……"学习"自带生命力，推动着师生共同投入学习。

当"学习"成为中心，在探求学习的过程中，就更能体现学习共同体的

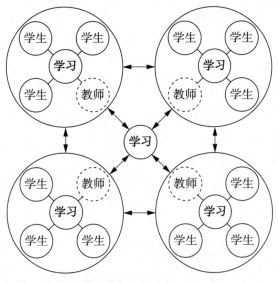

图 1-2 小学习共同体

百态：教师不是知识的权威，他有可能在学生讨论或质疑观点时更正或补充自己的观点；学生可能发现自己的想法并不能直接回应学习主题，却能够引发其他同学的另一种思考；课堂中不在意谁讲得多谁讲得少，而更在意学习是否发生、学习效果是否达成；组织纪律的、引导启发学生的、评价学习效果的未必都是教师，学习共同体中的任何一位都可以主动承担责任；教师学到的未必比学生学到的少……

当"学习"成为中心，师生平等前所未有地得到实现，所有的学生都可以站起来质疑、讨论、为学习共同体做贡献，且经由这种贡献促使自己对"学习"有更深层次的理解和获得。

当"学习"成为中心，师生要养成新的为学习负责的习惯，常问自己：

- 我这么做是否有助于自己学习的发生？
- 我这么做是否有助于别人学习的发生？

当然，"学习中心"理念似乎也是教育理念的乌托邦，也难免在理解和教学实践上存在困难，本书希望让乌托邦成为现实，希望以具体的教学设计指导教师实施"学习中心"教学。

第二章

学情分析设计：跨越学与教的鸿沟

一、为何进行学情分析

1. 不知学，何以教

在网上看到一则关于餐厅的小故事。

　　小旭去餐厅吃饭，点了一道菜，菜上来以后，他跟服务员说："这道菜，没法吃。"服务员听罢，把菜端回后厨重做，不久又端上一道新鲜出炉的菜，小旭却仍然跟服务员说："这道菜，还是没法吃。"

　　服务员无奈，只好把经理叫来，经理问："我们餐厅有什么让您不满意的地方吗？这道菜上了两次您都说没法吃，欢迎您提出宝贵意见。"

　　小旭说："嗯，我没有筷子！"

这个故事可能有点夸张，但是反映了一个问题：我们大多数处理问题的方式都是想当然，而非基于对对方的理解。把故事迁移到教学设计上，是指教师在教学之前，一定要做好学情分析。

学情分析中的"学"有两层含义，一是关于学生和学习，二是关于教师和教学。通过分析学生和学习来审视如何设计和实施教学。不知学，何以教？不了解学生，不了解学习，就无法进行适恰的教学。学情分析的核心是"看见"，既要看见学生，也要看见教学。人们常说"看见即慈悲，回应即修为"。看见学生，看见学生的学习基础、学习心理、学习方法等，这是一个教师的慈悲心怀。看见教学，看见教学如何回应学生学情，这是一个教师最基本的修为。

一堂课无论上得多么"精彩"，若以在课堂上展示自己才华为出发点，把学生视为自我表现的棋子，"目中无生"，不提前考虑学生的学情，不通过教学促进学生的发展，则不是好的教学。

2. 学情分析的价值

学情分析，让教师看见学生、理解学生、懂得学习，"以学定教，顺学而教"才能得以真正实现，"精准教学"也不再是美梦一场。

● 通过学情分析，才能确定教学目标。教师常依据教材和教学标准、教学大纲等来确定教学目标。可是，脱离学生学情、主观臆断教学目标，很可能使教学出现偏差。

● 通过学情分析，才能确定教学重难点。教材是捷径，也是枷锁。很多教师都是参照教材来"幻想"教学的重难点。所以经常出现的状况是：教师以为很难的知识，在学生那里是"小菜一碟"；教师以为很简单的内容，学生反复几次都搞不懂。难不难，必须问学生！

● 通过学情分析，才能取舍教学内容。学生对内容的认知与教师的认知之间可能存在着较大的差异，比如，很多教师上课引入的素材都是适合自己的年龄和知识背景的，完全忽略了学生的体验。如果不对学生学情有足够的了解，教师的预设很难起到好的教学效果。

● 通过学情分析，才能丰富教学资源。无论收集到的是何种学情内容，都可转化为学习资源。收集学生的作业，可以据此整理出易错点并重新组织教学；收集学生负性学业情绪，可以据此分享如果学业受阻如何建设性处理；收集学生的学习方法，可以据此分享可借鉴的学习方法和需避免的不当方法……把来自学生的内容回馈给学生，让学生感觉到自己被看见、被尊重，还能够找到熟悉感，何乐不为？

● 通过学情分析，才能选择教学策略。为了使教学过程流畅，很多教师都喜欢用封闭的教学设计，课堂教学的终点只能是学生认同教师的观点。这样的教学策略，本质上是方便如何教的策略，不是方便学生如何学的策略，而教师应该关注后者。再者，学生群体不同，学生个体不同，学习活动、学习方法一定会有差异，教师对待不同类型的学生也应采取不同的策略。比如，对骄傲自大的学生泼点冷水，对小心谨慎的学生给予建设性的鼓励。

● 通过学情分析，才能搞定学习评价。对于不同的学生，评价理应略有差别。这里的差别并非指评价标准的差别，因为教师不能假设哪个同学就比其他同学学得差。评价差别体现在评价后对学生学习改进速度或改进内容的要求不同，比如基础较差的学生可降低进步速度。

总而言之，学情分析是教学设计的基础，没有学情分析，教学设计就是空中楼阁。通过学情分析内化"学习中心、以学定教"的理念，制定基于学情的教学方法和策略，最终教师由经验型的学情了解转向研究型的学情分析；由静态的学情分析到动态的学情研究；由一次性的学情观察分析到持续性的学情追踪，促进了教学效果的提升。

3. 鼓励学生主动暴露学情

师：小明，你看起来有些疲惫，我能帮你什么吗？

小明：数学课让我特别痛苦，上节课以为自己学会了，下节课就发现自己一无所知。

师：没关系，你觉得哪里不清楚，随时问我。

小明：我不敢，我怕耽误上课的进度，也怕同学嘲笑我笨。

师：你的疑问可能代表了大家的疑问，如果你替其他同学问出来，他们还要感谢你呢。我会根据大家的反应来确定是共性问题还是个别问题，如果是共性的，我可以当堂解答，或者大家共同解决；如果是个别问题，可以咱俩课后探讨。首先我不会嘲笑你笨，上课进度我也会把握好，你觉得怎么样？

小明：那我下次不懂就问。

数学课让小明觉得特别痛苦，他把这个信号释放给教师，其实就是告诉教师两件事：第一，他想学好数学，但是遇到了困难，他心情很不好；第二，他需要教师的帮助以保障他能学得更顺畅一些。当教师回应学生（我不会嘲笑你），跟学生分享问题解决的方法（辨别是共性还是个别问题，并据其采取不同教学方法），这样既能关照学生的情绪，也能在教学设计和实施上进行改良。

如果教师没有发现小明的疲惫，或小明没有向教师主动暴露自己的学习困扰，又或者教师没有积极地回应小明的困扰，可能会发生什么呢？有可能教师会在课堂上失去小明这个学生。

学情分析，既要看见学生，也要透过学生看见自己。学生的状态多是对教师的教学过程、教学活动、教学效果的反馈。说到底，学情分析的目的是为教师教学提供一个切入点，不至于跑偏到看不见学生、看不见学生的学习过程，也看不见学生的思维过程。

张老师在一次"名师课"活动中执教《小石潭记》，他在上课前发放了学情调查问卷，包含三个问题：

- 说出题目与课文之间有什么关系。
- 小石潭的主要特点是什么？文中表达作者情绪的词有几个？
- 从课文中找出一个字概括全文特点，你找的是哪个字？

通过学生对三个问题的回答，张老师发现第二题学生回答得都不错，仔细一问才知道学生之前已经学过这节课，而且任课教师在落实基础知识方面很扎实。虽然有学生非常友好地说可以配合张老师再"学"一次，但是张老师并不想把"名师课"搞成教学"表演秀"，于是他临时把新授课改为复习课。复习课的目标如何确定呢？张老师重新审视学生填写的学情调查问卷，发现第一题大部分学生回答得不好，这说明学生没有文体意识；第三题完成情况较为复杂，53人中20人找到了这个字，33人找得不对。根据以上分析，张老师将这节"名师课"的教学目标确定为：

（1）在已经熟读并能背诵课文的基础上，对能概括全文的"清"字达成共识。

（2）理清本课的文体与内容的对应关系。

第一个教学目标同时是教学重点，因为多半学生对"清"能概括全文特点存在困惑。让找到"清"的20位同学与不能找到的33位同学通过讨论达成共识，以便落实重点。第二个教学目标是教学难点，所谓难点本质上并不难,但通过学情分析,张老师发现学生没有形成对传统文体独特性的认知,在教学中是从无到有的突破。①

二、学情分析的常见误区

1. 轻视学情分析的意义与功能

很多教师上课前习惯备教材、备课件、备评价……但是很少备学生。当教师不能根据学生学情调整教学,表面上看是教师更关注完成既定的教学任务,本质上却是教学根底不够扎实以及教学机智尚有欠缺的表现。根据学生情况及时调整教学设计与实践才是教学的灵魂之所在。

行为主义心理学家华生说:"请给我十几个健康而没有缺陷的婴儿,让我在我的特殊世界中教养,那么我可以担保,在这十几个婴儿之中,我随便拿出一个来,都可以训练他成为任何一种专家——无论他的能力、嗜好、趋向、才能、职业及种族是怎样的,我都能够训练他成为一个医生,或一个律师,或一个艺术家,或一个商界首领,或者甚至也可以训练他成为一个乞丐或窃贼。"现在看华生所言有点胡扯,但某种程度而言无视或轻视学情分析跟华生的这番言论并没有什么区别。

2. 学情分析的方法性误区

(1)基于经验分析学情。

其实,教师经验本身也是教学资源中最重要的部分,所以,教师利用经验进行学情分析很正常。但有些教师全凭主观经验估测学情,缺乏有力的证据和技术支撑。比如,教师认为自己当初学某门课时感觉比较难,就想当然

---

① 张玉新.怎样上出魅力家常课:有效语文课堂的构建智慧[M].华东师范大学出版社,2019:36.

地认为学生也会觉得枯燥;教师觉得自己之前讲过前序知识[①],就想当然地认为学生做好了学习新知识的准备,可事实上学生"学过"不等于"学会"。

(2)照搬教参中的学情。

现在教学参考书的每一单元都含有学情分析部分,很多教师也懒得再分析和再加工,直接搬到自己的教学设计中。要知道教参上的学情分析要么基于想象中的学生,要么基于作者当时正教的学生,不一定适用于你的学生。

(3)学情分析没有深度。

这主要体现在两个方面。一是未参照具体教学内容分析学情,导致学情分析适用于任何一门课程。如:学生对前序知识掌握不牢固,须先复习再讲新课;学生学习动机有待提升,等等。二是只通过发布调查问卷或布置作业,采集与学情相关的信息,但是并没有进行学情分析。

(4)学情分析不全面。

有些教师未考虑学生群体和个体的差异,只注重对群体共性的分析,缺乏对个体差异的诊断。还有些教师把学情分析变成了对学生的"吐槽大会",只看到学生的不足,不关注学生身上有什么可借鉴的教学/学习资源。

(5)学情采集方法单一。

很多教师采集学情时,常用自己喜欢或擅长的方式,而不是最有效的方式,也常常忽略学生的感受。比如,有的教师每次上课后都让学生填写问卷以收集学情,而高频率填写问卷难以得到学生的配合,因而也无法收集到准确的学情。

3. 学情分析的应用性误区

学情分析具备科学属性。科学,不仅指利用科学的方法进行学情分析,还指利用科学的态度应用学情分析的结果。但是,很多老师只做学情分析,却忽视或省略对学情分析结果的应用。这是学情分析与教学设计、教学实践相割裂的体现,而它们是否关联恰恰是学情分析是否到位的一个重要指标。

[①] 前序知识是指学习某知识前必须了解的知识基础,比如加法是乘法的前序知识。

（1）学情分析与教学设计相割裂。

教师进行了学情分析，但是后续教学设计并未根据学情分析而调整。有的教师只通过事实或数据采集了与学生学情相关的信息，也进行了学情分析与判断，但是在教学设计时仍然只参照教学内容或教学标准，并不思考在教学设计中需注意哪些学情，也不思考如何设计教学来解决学情分析中所呈现的个性或共性问题。如果学情分析没有指导教学设计的改良，那学情分析又有何用？

（2）学情分析与教学实践相割裂。

有的教师根据学情分析进行了教学设计，但在教学实践中仍然我行我素，并未真正考虑学情；有的教师在教学的过程中未及时更新对学情的理解和把握，学生学情随着课堂教学的进行而发生变化，但教师并没有觉察，也就不可能及时进行教学调整。

4. 学情分析的"黑洞"

所谓学情分析的"黑洞"，是指教师尊重学情分析的价值，有进行学情分析的意识，也熟悉学情分析的方法，也想根据学情做好教学设计和教学实践，却不知道如何利用好学情分析的结果。

有教师采取了一个非常有趣的收集学情的方法，她让学生描述自己学习状态最好的课堂是什么样子，学生给出了很多有趣的答案。

——数学，听懂的时候比较开心。

——历史，老师温和，不紧不慢，听着舒服，故事多。

——钢琴，教师严厉，不敢不认真。

——化学，因为自己暗恋的女生化学不好，给她补课，让自己对化学越来越有兴趣。

——美术，感兴趣。

——开学第一课和最后一课，自己心情好，老师讲得也好。

——考前复习课，注意力集中。

看着这些活泼可爱的回答,我问教师:"然后呢?"她回答说:"这样我就可以了解学生喜欢什么样的老师、什么样的课堂,我又可以做什么样的努力。"很好,可是学生千人千面,纵然教师有百般的能力,也无法满足每个学生的状态和动机需求,毕竟很多教学行为都是群体性行为,即便因材施教我们也很难关注到每一个学生。

这就是为什么说学情分析有可能是个"黑洞"的原因。因此,如何利用学情分析来构建教学设计和制定教学策略才是教师需要重点考虑的,也是确保学情分析有价值且发挥价值的路径。

在上述案例中,在了解完学生的学情之后,教师可以抛出一个新问题:"你们是如此不同,你们的需求和动机也如此不同,我很好奇,我带着你们一起学这门课程,可能不能满足你们所有人的需求和动机,你们要怎么做才能让自己在这门课上的收获最大化?你们又希望我能做些什么帮助你们?"这个问题就把学习的事、学习效果的事重新推回给学生自己了,最后的落脚点是我们要教会学生"学会学习"。

再次强调:学情分析的关键在于如何应用学情分析的结果进行教学,而教学的真正目的是促进学习的发生。教师应以这两条原则来反思自己所做的学情分析。

三、学情分析的内容是什么

学情分析的内容影响着学情分析质量。不知道分析什么成为教师进行学情分析时的难点之一。本节从显性学情、隐性学情、他者学情等维度详述学情分析的具体内容。

1. 显性学情

显性学情多跟教学内容、学生学业水平相关。主要包括:
- 学生已学:学生已有知识(泛指知识、技能、态度等)基础。
- 学生未学:学生将要学习的知识。

- 学生能学：基于学生目前水平"跳一跳"能获得的知识。
- 学生会学：学生无须指导就能自主学会的知识。

了解学生"已学"，有助于教师联结学生的新旧知识、联结学生的已有经验；了解学生"未学"，有助于教师确定教学目标；了解学生"能学"，有助于教师将教学目标和教学内容进行分解，以帮助学生在最近发展区内进行学习；了解学生"会学"，有助于教师确定哪部分内容学生自学就可以完成。

有的教师常忽略学生"会学"，忘了培养学生自主学习能力，不给学生自主学习机会，讲课的时候面面俱到；有的教师常忽略学生"能学"，没有将学习任务调整到学生的最近发展区内。虽然大部分教师都不会忽略学生"已学"，但也常常误把"教师已经教过"等同于"学生已经学会"，缺少对学生真实"已学"情况的把握，而教师只有把握真实"已学"，才能有针对性地开展全班 / 不同类别学生 / 个别学生的教学。

2. 隐性学情

隐性学情多跟学生心理相关，主要包括学习动机、学习情绪、学习方法、学习思维等。之所以称它们为隐性学情，是因为它们大多无法直接通过学业测试来了解具体情况。大部分教师会意识到隐性学情的重要性，但常因"束手无策"而假装无视。

关于学生的学习动机，很多教师一旦发现学生上课时不与教师互动，也不参与小组讨论，就常常给他们贴上"不爱学习"的标签，要么批评，要么置之不理。实际上如果把这种状况当作中性的学情来看待，学生只是释放了一个"学习动机不强、学习参与度不高"的信号，那教师只需要想办法提升学生学习动机即可。比如，在小组讨论时，教师主动走到这位学生所在的小组，咨询一下大家讨论的状况，然后假装不经意地问问他的看法，他可能因为没有参与而沉默，教师可以继续邀请他参与进来："再跟大家一起探讨探讨，一会儿请你代表你们组说说，好吧？"教师没有批评，只是想办法让学生参与到讨论中，让学生在参与中自然地激活学习动机，而不是要求学生在具备学习动机之后再学习。

关于学生的学习情绪，教师上课一定要观察，如果学生状态不太好，马上要想办法帮助学生做调整。讲个笑话，或布置一个包含动作的学习活动，比如要求学生站起来讨论一个小话题。有时候学生课前受了一些委屈，上课时还带着泪痕，这时教师也可悄悄地递一张纸巾，拍拍学生的肩膀，这样既表达了对该学生的关心，又没有影响其他学生的学习情绪。

关于学生的学习方法，教师常假定学生了解并能够熟练使用学习方法，实则并非如此。对于教师而言，教学生"怎么学"常常比教学生"学什么"更重要。只有在了解学生学习方法的基础之上，才知道如何帮助学生改良学习方法。图 2-1 呈现了学生 A 与学生 B 分别采用的学习方法。你觉得谁的学习效果会更好呢？你又将如何指导学生改良自己的学习方法呢？

关于学生的学习思维，这常是教师忽略的学情。比如，教师上课提问，学生回答正确，教师就常以为学生学会了该问题所包含的知识点。但事实可能是学生听到了其他同学的答案，也可能是学生基于一个错误的理解而凑巧得到了正确的答案，也可能只是蒙对了而已。所以，教师要想了解学生的学情，就需要追问，比如："这道题你选 A，那请你分享一下你的计算过程，好吧？"无论学生这道题答对还是答错，教师都可以从追问中了解学生的具体学习思维，并及时给予教学干预。

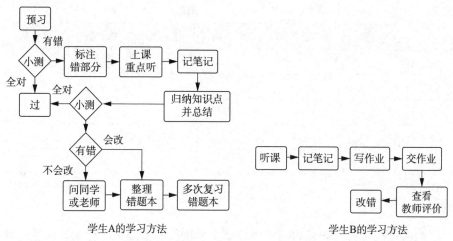

图 2-1　学生 A 与学生 B 的学习方法

3. 他者学情

他者学情，指的是由教师与学生的互动所生成的学情。通常，学生当前的学习状态与教师对待他的方式相关。遗憾的是，教师常常并不知道自己以什么样的方式影响了学生。

表 2-1 是某节课的师生提问互动频次表，表中数字表示教师上课提问的次数，如第 3 行第 3 列的学生，上课时被教师提问 4 次；# 表示学生上课睡觉，教师无任何反应（反应，不是指教师批评学生，而是以组织教学的方式唤醒学生，比如布置 1 分钟配对讨论任务，然后走到他身边小声提醒），如第 6 行第 2 列的学生；* 表示学生上课时做与学习无关的事情，如看小说、画漫画、玩手机等教师也无任何反应，如第 6 行第 1 列的学生。一般情况下，教师与学生互动的频率决定着学生在课堂上的注意力和学习投入水平，进而决定着学生的学习收获水平。试想一下，表 2-1 中的哪位学生在这节课的学习收获可能会比较大？很显然，第 3 行第 3 列的学生上课被教师提问了 4 次，还有 2 位同学被提问了 3 次，这几位同学的学习收获大概率会比较大。他们的学习状态深受教师影响，教师与其互动频率是关键因素。

表 2-1 某节课的师生提问互动频次表

班级：×× 课程：×× 周次：××

	第1列	第2列	第3列	第4列	第5列	第6列
第1行		2	3	3		
第2行	1				1	
第3行		1	4			
第4行		1		1		
第5行					#	
第6行	*	#	*	*		

教师很少能够意识到自己是影响学生学情的一个因素，也很少刻意记录自己与学生的互动情况。表 2-1 只是记录了上课提问互动频次，实际上教师

与学生的互动方式和互动内容很广泛，比如楼道里遇到是否打招呼、课上四目相对是否微笑、学生课下提问是否积极回应等，这些都是影响学生学情的因素。正因为教师对待学生的方式在一定程度上决定了学生学习的方式，教师才更应该敏锐觉察他者学情，关注师生互动状态。

4. 共性与差异性学情

教师进行学情分析要多关注学生的共性学情。共性学情，具备统计学特征，是指学生的群体性、一般性特征，基本是根据"平均数"或"大多数"计算得来的。统计学特征有助于教师预设教学安排，但教师在实际教学中面对的是一个个鲜活的生命个体，任何一个共性学情都不能代表任何一位学生的个性学情。

比如，统计学特征显示"中职学生大多不爱学习"，但也有学生"很想学习，却不知如何学习"，还有学生"一直爱学习，就是偏爱职业教育才选择了中职"。再比如，统计学特征显示"青春期孩子大多自我意识觉醒，喜欢自己做决策"，但也有学生到了青春期"仍然很依恋父母"，"喜欢被安排得明明白白的"。再比如，在期末考试中同样取得 265 分的两位学生（如表 2-2 所示），教师不能想当然地把他们归为同类学生，实际上，他们的学习需求差异很明显，学生 A 英语弱，学生 B 数学弱，对他们的学习支持肯定要有不同的侧重点。

表 2-2 两位学生的三科分数

	数学	语文	英语	总分
学生 A	98	100	67	265
学生 B	76	99	90	265

再比如，如图 2-2 所示，4 位学生某门课的期末考试都取得了 90 分，但是在前 4 次小测中他们的成绩变化却有显著的差异。学生 1 是成长型学生，学生 2 是突击型学生，学生 3 是过山车型学生，学生 4 是稳定型学生。面对

不同类型的学生，教师交流的重点应有差别：教师要追问成长型学生是如何让自己稳步提升的；要好奇突击型学生平时在学习中遇到了什么样的困难，又是通过什么样的方法在期末考试中拿到 90 分；要跟过山车型学生一起探讨如何保持学习的稳定性，探寻在分数高的时候做到了什么，在分数低的时候没有做到什么；要与稳定型学生一起整理学习经验和学习方法并供其他同学借鉴。

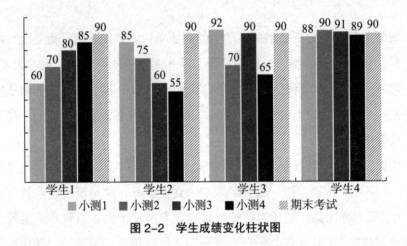

图 2-2　学生成绩变化柱状图

以上几个案例证明，对"统计学特征"的关注容易让教师失去对每个学生的关注和体察，而陷入对学生"视而不见"的陷阱中。除了共性学情之外，教师还应关注学生的差异性学情，关注每一个学生个体。可能有教师质疑：我的班级人数多，我不可能了解每一个学生的学习特征。如果你也有这种困扰，也建议你多读几遍这句话："不因为无法了解班级里每一位学生，就不去了解班级里的任何一位学生。"

当教师表现出对学生好奇的样子，表现出愿意了解学生学情的样子，其实就够了，因为学生知道如果他需要让你了解他，你不会拒绝，学生心理有这个安全感就好。

当然，现在利用信息化工具也可以在短时间之内收集大量学生学情，比如运用七天网络平台收集学生的英语单项选择题的数据，能够快速判断出哪些学生在哪些内容上遇到困难，这样就可以给予针对性的教学干预：

● 按学习困难的不同类型进行分组，组织不同组学生之间互教互学。

- 针对性给个别学生提供帮助。
- 适当开展分层课后辅导。

可能有教师质疑，那共性学情就没有意义吗？有！首先在制订学期教学计划时需参照共性学情，其次，共性学情可以作为一个锚，教师通过"锚定—调整"的过程来确定对个体学生的了解。先以共性学情为锚定点来审视全班每位学生的学情，然后根据某个或某几个学生在学习过程中的表现来调整对他们差异性学情的认识。如某班共性学情是"混淆了知识点A和知识点B"，而教师在上课时发现某同学能区分两者（差异性学情），就请他分享了区分策略（教学对策）。

5. 静态—动态维度

很多教师的学情分析常常是静态的，一学期都不变化，如果有变化也仅仅是与教学内容进度有关的变化。要知道，这世界上唯一不会变化的就是变化本身。学期第一节课学生的样子，跟第二节课相比有可能发生了变化；上课第一分钟学生的样子，跟第二分钟相比也有可能发生了变化。

学生总是以"迅雷不及掩耳之势"的速度发生着变化，教师一定要关注学生的动态学情。当然最关键的是，教师要根据学情变化及时调整自己的课堂进度、教学教法等。

四、何时进行学情分析

苏霍姆林斯基说：教育的技巧并不在于能预见到课的所有细节，而在于根据当时的具体情况，巧妙地在学生不知不觉之中作出相应的调整和变动。所以，教育的技巧就在于"动态调整和生成"！动态调整和生成的基础正是学情分析！

大部分教师认为要基于学生的现状展开教学，所以一般是在课程开始之前进行学情分析。但这仅仅是静态的学情分析。毕竟，在课堂上度过的每一分每一秒，都有可能是学生现状发生变化的时候，教学设计与实施的迭代就发生在那一分一秒之中。因此,"动态"体现了学情分析的时间特征,也就是说,其实没有固定的学情分析时间,而是随时。

1. 宏观时间划分

宏观上,可以把一学期的学情分析分为学期、单元、课时学情分析。学期学情分析是一个整体的轮廓,随着教与学进程的推进,教师要结合具体的单元教学目标具像化了解学生单元学情并进行针对性教学。具体到单独的一堂课,更是要将学情分析进一步具体化,即课时学情分析。

学期学情分析主要是为学期教学计划提供依据。其核心工作是分配课时、预设教学进度、确定教学模式和教学方法等。这是一项以班级为单位的教学工作,所以应该以班级为学情分析对象,侧重于分析全班学生的共性学情,并鉴别出与学期核心工作有关的学情分析内容。虽然全班的共性学情是核心要素,但是即便了解了共性学情也不能直接作出恰当的教学决定,还需要一个参照标准,即什么样的学情对应着什么样的教学安排。这个标准来自哪里呢?这就要借助过去的教学经验,即之前此学期教学时,哪种学情背景下适应了或没适应曾经预设的教学安排,从而为本学期的教学安排提供参考。除此之外,本学期的学情需要参照上学期的学情分析,包括班级学风、学生的认知水平、学生整体学业水平等要素,具体学期学情分析框架(节选)如表2-3所示。

表2-3 学期学情分析框架

学情分析的核心变量	学情分析的教学意义
学业水平	课时安排和教学进度
班级人口学特征、班级学风	日常课堂教学组织与管理
认知发展水平	常态教学策略
学习习惯、学习策略	教学方法、教学模式
情感特征	师生互动方式
学习动机、学习态度	教学激励策略

单元学情分析相对于学期学情分析而言,它的动态性已开始增加,因为它随着单元教学的进行发生着变化。从时间长度上来讲,单元学情分析也仅对当下的教学单元有价值,为该单元提供教学设计依据。单元教学设计的核心工作是确定单元教学目标、单元课时分配、单元重难点等,单元学情分析需要支撑以上核心工作。这就要求教师不仅仅是"教教材",而是根据学生学情进行调整,"用教材教"。学生的单元起点状态(包括单元前序知识、单元目标掌握情况、单元学习态度等)影响着教师在此单元的教学设计与教学实施等教学安排,具体单元学情分析框架(节选)如表2-4所示。

表2-4 单元学情分析框架

学情分析的核心变量	学情分析的教学意义
单元前序知识	必要知识的补充、修正等
单元目标掌握情况	单元教学目标的调整
单元学习态度	教学激励策略
单元学习的一般认知规律	教学内容的删减、调序等

课时学情分析即微观维度上的学情分析,是针对一节课而言,包含课前、课中、课后的学情分析。具体课时学情分析框架(节选)如表2-5所示。

表2-5 课时学情分析框架

	学情分析的核心变量	学情分析的教学意义
课前	前序知识	必要知识的补充、修正等
	学习目标掌握情况	单元教学目标的调整
	学习态度	教学激励策略等
	学习经验、生活经验	贴近生活实际的内容改良
课中	学生反馈	教学节奏的调控
	学生课上提出的问题	教学内容的增减、调序等
	学生课上的表情和状态	学习节奏的调控

续表

	学情分析的核心变量	学情分析的教学意义
课中	学生课上的注意力水平	学习活动的安排
课后	学习目标达成度	学习进度的调整
	学习效果	学习进度、学习反馈设计
	学习策略	学习策略的引导

说到底，教师需要保持敏感和觉察，随时观察、收集、分析学生的学情资料和数据。这可能是教师所需的最基础性智慧。

2. 微观时间划分

微观上，可把一节课的学情分析，分为课前、课中、课后三个阶段（如图 2-3 所示）。课前学情帮助教师进行教学设计、预设课堂；课中学情帮助教师动态实施教学，还要把学生的生成性内容融入课堂；课后学情帮助教师反思并改进教学，既包括对下一节课的改进，也包括对下一轮教学的改进。

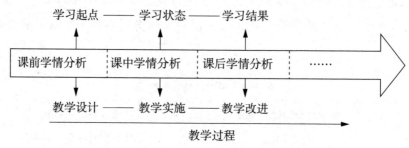

图 2-3　按微观时间划分学情分析

课前了解学生学习起点（包含知识、技能等起点，也包含动机、方法等起点），这有助于教师决定课堂教学目标、具体教学内容和教学方法等。合理的教学设计不仅能够促进学生思维的发展，更能够提高课堂教学质量。比如对学生自学预习后能够基本掌握的知识进行讲授并举例练习后，就无须费时重复讲解或进行大量的课堂练习，而应将课程重点放在难点的讲授上。以

《三角形的认识》一课为例，教师安排前测，让学生写出与三角形有关的关键词并给不同的三角形画高，通过前测教师了解到大部分学生对三角形的基本知识比较了解，但对于不同类型的三角形绝大部分学生只画出了一条高，对于钝角三角形外高和直角三角形这些特殊高的画法，有超过半数的学生无法通过自学掌握。因此，在教学设计中教师加入"画出你所认识的三角形"环节，试图引导学生在画图过程中逐步抓住三角形概念的关键词，通过图形操作积累经验，加深对相关概念的理解，实现概念认识的螺旋式上升；此外设计"自主探究不同三角形高"环节，让学生在思辨对比中明晰画三角形高的核心要素：顶点、对边、垂线。

课中观察学生学习状态，捕捉学生在课中学习生成的即时性学情困惑，引导学生发现并提出课堂学习中的核心问题，同时围绕该核心问题展开探究释疑，从而实现深度学习。例如，在《和的奇偶性》一课中，学生通过举例子、画方块、摆小棒等初步探究，得出"奇＋奇＝偶""偶＋偶＝偶""奇＋偶＝奇"三个规律结论后，一位学生提出了一个有意思的问题："两个数相加，和的奇偶性是由谁决定的？"教师敏锐地抓住这个即时生成的核心问题，引导学生进行讨论。很快就有学生提出和的奇偶性是由奇数决定的，后又有学生指出也要看奇数的数量，两个奇数相加是偶数，否则还是奇数。正是因为教师在课中抓住了有价值的生成性问题，才加强了学生更深层次的理解，更重要的是，这激发了学生的探究意识，提高了学生思维的活跃性，满足了学生深层次的学习需要。

课后了解学生学习结果，确定学习目标是否达成、学习动机是否提升、学习能力是否增强、学到的知识是否能够举一反三等，有助于教师基于此对原有教学重难点再次解惑、拓展，进行提升式的精准化教学改进。比如在语文《愚公移山》教学中，在课后学情分析时，教师发现班级中有20多位学生对"本文通过记叙愚公移山的故事想说明什么道理"存在困惑，同时有学生质疑"愚公移山没有意义"，还有10位学生好奇愚公为什么移山而不搬家，这说明学生还未理解寓言体文章的写作手法和蕴含内涵，基于此，教师在下一节课中设计"寓言故事大回顾"环节，带领学生回顾小学、初一时所学过的寓言故事,分析其真实性、内涵等,再重新理解《愚公移山》。

　　课前、课中、课后三个阶段看起来相对独立,实际上相互关联。要确定学生的"学习起点",不仅需要考察课后分析所得到的学生"学习结果",而且需要回顾教师在课堂上所观察到的学生"学习状态"。学生的"学习状态"既是落实课前学情分析的结果,又是课后学情分析的维度之一。对"学习结果"的分析又为新一课时的课前学情分析提供了重要参考。学情分析在这样的循环往复中实现了与教学过程的整合,其整合的实质就在于使评价贯穿教学的始终,实现教学评的一体化。

　　目前,一般在教案中都会有"学情分析"和"教学反思"部分,其实,"教学反思"就相当于课后的学情分析,而前一节课的"教学反思"应与后一节课的"学情分析"相衔接,体现出一致性。比如,在英语语法"定语从句"的教学中,教师在第一节课后的"教学反思"中写道:"大概1/3的学生对于关系副词和关系代词的区别存在疑虑,其原因在于分析句子成分有困难。另外还有几个学生在造句时没有使用定语从句的意识,欠缺语法应用能力。"(节选)基于此,在下节课"学情分析"时,教师有针对性地写出学情分析:"学生能够说出定语从句的含义,识别含有定语从句的复合句,但部分学生不能准确分析句子成分、区别关系副词和关系代词的不同,个别学生不能准确写出含有定语从句的句子。"(节选)

五、如何进行学情分析

　　一般情况下,教师常基于各自的教学经验进行学情分析,但经验常常具有个体主观性而缺乏客观性和真实性。基于此,有研究者提出要利用科学研究的方法进行学情分析,但是太严谨的科学方法又会让教师望而却步。事实上,学情分析是教师在经验基础之上进行的科学研究,学情分析方法是经验分析法与科学研究法的协调统一,我们可以通过科学研究方法使教师经验准确化、精细化。

1. 测验法

很多教师喜欢在课前做前测，课后做后测，依此来测量学生对知识的掌握程度。测验题目若设计得当，能够迅速判断出学生的易混淆点，并及时给予教学干预。比如，让学生区分"肉"和"内"，对辨别不出来的学生，教师就需要提供相似字的辨别教学。

考试也是测验法的一种形式。目前教师中常见的误区是根据考试分数将学生分为不同的等级，而忽略分数背后所体现的真正的学情，比如大部分学生在某一类题型或知识点上犯错，那教师就要反思是否一开始教学就忽略了这个知识点或者没有讲明白，或者同一分数段的学生在不同题型或不同知识点上遇到困难，那就要给予不同的教学指导。举例来说，某次数学考试共涉及基本概念、计算、空间与图形、问题解决、推理等五个模块内容，每个模块下有测验题若干，通过对每个模块下的状况进行横向比较发现，两个同样考了71分的同学（图2-4），他们学习的薄弱点不同，教师需要进行差异化指导。

"挖坑"测验也是一个不错的测验方法。比如在选项里故意挖个"坑"——每个选项都不是正确答案。这些往往是可预期的学生常犯错误，通常会引起学生的注意，也因为引起学生的认知冲突而使他们印象深刻。在这种情况下，测验本身也是教学的方式之一。

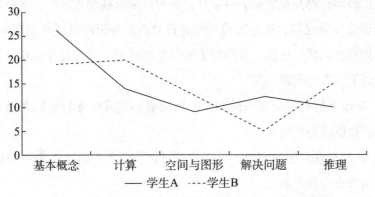

图2-4 数学总分相同的两位学生知识点掌握情况对比

2. 观察法

观察法看起来很简单，但到底观察什么？如何观察呢？如果去看"研究方法"类的相关书籍，就会发现观察法其实是个比较复杂的方法，需要提前确定观察项目、观察维度，还需要绘制观察表等，有一套非常严谨的程序，但是太严谨的程序会把一线教师吓跑，所以我推荐"懒人观察法"。

所谓"懒人观察法"，即教师在上课时进行随意观察——看表情、看动作、听语言，多注意观察学生在学习过程中呈现的各种外在的行为表现及学习情绪、学习态度等。

只要教师保持觉察心进行观察，那就能大概感知某位或某些学生的学习状态。比如，讲到某个知识点，学生大多皱眉头，那就可能说明这个知识点没讲清楚，教师可随机找两位皱眉的同学表述他们的理解或疑问，并基于此调整教学；小组讨论时，有学生靠在椅子背上没参与讨论，那就有可能是这位学生在思考或者有疑问，教师可走到这位学生身边询问他对所讨论问题的看法，引导学生思考和参与讨论。

除此之外，教师还要进行课堂外的观察，比如观察学生课间交往情况，可判断学生之间的友情状况；观察学生或学生家长的微信朋友圈，可初步判断学生的亲子关系状况等，这些均可能影响学生的学习情绪或学习态度，教师也需要给予针对性的支持。

如果教师想提高观察法的科学性，还可以采取视频观察法。视频观察法即录制课堂实录视频，通过回看视频进行分析。分析时既要确定观察目标，也要确定观察问题。比如，教师想了解学生完成自主学习任务的状况，可重点关注以下三方面问题：

- 有没有提前完成任务的同学？如果有？完成任务后他们在做什么？教师应再提供哪些拓展任务？
- 有没有在规定时间内不能完成任务的同学？有几个？教师应该再给多长时间可能会好一点？
- 有没有根本不能完成任务的同学？如果有，主要问题出在什么地方？教师应再提供哪些帮助？

基于问题结构性地观察课堂视频，将问题转化成几个观察点，回溯了解学生学情，并确定教学设计与实施的改进方案。

3. 对话法

这里没有用大家常提到的"访谈法"，而是用"对话法"，就是更强调教师即时性的对话过程。比如图2-4中所描述的两位同样分数的学生，教师与他们对话，学生A说："我知道自己这次数学考得不好，我打算以后课前自觉预习，自觉完成作业，我还整理了错题本，打算要好好提高数学成绩。"学生B则说："我真不喜欢数学，如果不是妈妈催，不是老师要天天检查作业，我真不想写。"两位学生展现出不同的学情，一个学习方法明确，一个学习动机不强，对此教师要给予不同的教学干预方式。

对话法还常与观察法配合：

- 看到学生上课昏昏欲睡，教师可以在下课时走过去问："我看你上课时有些困，是不舒服吗？还是昨晚没睡好？关于课上所学的内容，你需要帮助吗？"
- 看到某个小组讨论激烈，难以达成共识，教师也可以走过去问："是否可以考虑……，这会不会给你们一个新启发？"

教师与学生就所学知识进行学科对话，能帮助教师了解学生与学习有关的信息，帮助教师调整教学决策：如果在对话中，发现学生共性的问题，那就可以在课堂上集中讲评或者作为一个主题引导大家思考；如果是某个学生的个性问题，教师就在对话中及时点拨与辅导；有时候有些学生还可以提供一些教师也未曾想到的独特的视角或认识，这也可以转化为有效的教学资源，供全体学生共同学习。

对话不仅仅发生在课上，还可以发生在课下；不仅仅在教学学期内，在教学学期结束后，也可以为寻求更多的反馈信息而发起对话。比如在学期结束时，教师可分别与三类学生对话：喜欢上自己课的学生、讨厌上自己课的学生、不喜欢也不讨厌的学生。

对于喜欢上自己课的学生，教师可以通过如下问题展开对话：为什么喜欢这门课？学习这门课的方法是什么？如何把课上所学应用到生活实践中？在课堂上哪些活动或任务让你感觉到兴奋或有收获？

教师常常通过观察学生的坐姿和眼神就能判断哪个学生讨厌自己的课。对于这部分学生，很多教师或者望而却步，或直接放弃，或指责学生不自重、不努力，这两种态度都不利于优化教学。建议教师以谦虚的、好奇的姿态主动开展对话：你更喜欢哪门课？那门课哪些地方吸引了你？我的课做些什么改变你的学习感受会好一些？

那些不喜欢也不讨厌自己课的学生，一般规规矩矩坐在教室里听课，也会按时完成作业，但不会主动研究和探索，对课程既没有过多的期待，也没有过多的排斥。对于这样的学生，教师也可以主动邀请学生进行沟通：怎么做，这门课会让你投入更多？如果有一天你爱上这门课，那是因为在课程上发生了什么？

总之，教师可以通过与不同类型的学生对话来审视自己的教学。通常，教师总是喜欢寻找几个喜欢上自己的课、进步比较大的学生来搜集证据以确定自己的教学效果，这是一种自欺欺人的表现。对话，就是要跟不同类型的学生都对话。通过对话了解学生的学习情绪和学习感受，寻求学生对教学的反馈，并在此基础上进行教学改进，更好地服务学生的学，也更好地促进教师个体的成长。

4. 问卷法

问卷法是通过书面问答形式间接地了解学生的学习情况和内心真实想法的一种调查手段。收集学情的问卷法不要求信效度，无需严格按照问卷设计流程和标准来设计问卷，推荐教师以"实用"为目的进行设计，让问卷的每一个问题所收集到的信息都能够反哺教学设计。问卷形式可以多种多样，既可提供选项供学生选择，也可提出问题让学生回答。

某教师想了解学生学习目标的达成度，设计了包含 3 个问题的问卷：

（1）今天这节课所学知识对于你来说，难度如何？（确定学生的学习感受）

　　A. 很难，听不懂　　　　　　　B. 还行，勉强能跟上

　　C. 还不错，都能掌握　　　　　D. 上课前我就已掌握

（2）如果从 1-10 打分，你觉得本节课的学习目标达成了几分？为什么？（让学生进行自我觉察，这很重要，因为觉察是改变的开始）

（3）如果想提升 1 分，你会如何做？（这个问题具有提醒作用，问卷不仅仅有助于教师了解学情，还提醒学生开启学习改进行动）

通过对问卷所收集资料的分析，教师可以了解学生的显性或隐性学情，诊断教学目标的达成情况，为调整、改进教学目标和教学设计提供依据，也为进一步整理学生学习改进的相关策略和资源提供支持。

有位教"基础会计"的中职教师在课前发放问卷了解学生报考初级会计资格考试的情况。具体数据如图 2-5 所示。问卷统计数据表明，有 93% 的学生报名了初级会计考试。这位教师就将自己的教学内容和案例往资格考试层面进行倾斜，提升学生上课的积极性和收获感。同时，这位教师也积极引导未报名资格考试的学生思考"我学这门课的收获将是什么？"，以提高他们对这门课的参与度。

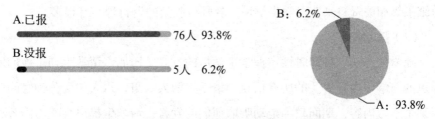

图 2-5　某班级学生报考初级会计资格证情况统计

5. 信息传递法

信息传递法就是通过一些直观的方法将学生的隐性学情进行传递，使之

显性化。比如一土学校[①]让学生用五种情绪颜色（红——愤怒；黄——快乐兴奋；蓝——忧伤；绿——平静；黑——恐惧）来表达自己的情绪，以便于教师了解，同时教师通过引导性提问帮助学生了解并调试自己的学习情绪，如：

- 你大部分时候是什么颜色的呢？
- 除了这些颜色，我们还有哪些情绪颜色？
- 当你是红色的时候，你应该怎么让自己变成绿色呢？

也有教师让学生用颜色卡片来表示自己听课的情况或者小组讨论情况，如桌面上放红色卡片表示学习或讨论遇到困难，绿色卡片表示听懂了或完成了任务，黄色卡片表示正在思考或仍在讨论中。教师通过颜色卡片的放置情况，能迅速了解学生的学习情况，并判断学生或小组是否需要多一些的思考或讨论时间、是否需要提供帮助、学习任务是否过难导致学生难以完成。

也有教师在教室门口放置情绪箱，让学生下课时将代表自己情绪的彩色球或卡片放到情绪箱内，教师通过统计情绪彩色球或卡片的数量了解此次课给学生的感受，并可配合问卷法、对话法等了解更多学生的学情。

6. 资料分析法

资料分析法是一种质性分析方法，是通过收集、分析学生学习过程或学习结果等相关资料来获取学生学情。教师可收集的资料种类有很多。

（1）随堂任务。

随堂任务是一种即时性掌握学生学情的方式。比如，请学生列出他们所知道的与学习内容有关的所有信息；请学生两人一组，每人用两分钟时间解释某个学习内容，期间教师走动听取他们的发言；请学生提出与学习内容相关的5个问题；请学生用多种方式表达对学习内容的理解。

（2）课堂笔记。

学生的课堂笔记能反映学情。笔记一是能反映学生上课的注意力程度和

[①] 一土学校是一个源于硅谷、首先落地北京的教育创新项目。学校的教育理念先进，致力于将国际先进的教育理念和课程与中国基础教育体系结合，以满足学生的多元个性成长和学业需求。

参与度，二是能反映学生对学习目标的敏感度，三是帮助教师回顾自己授课的整体思路是否得当。教师可在课间时走到学生身边找他们聊天，聊天的时候再假装不经意地读一下他们上课时自主记的笔记。注意，只观察，不要批评学生。根据你看到的调整自己的教学就好了，尽量不点评学生。

（3）同伴互评素材。

教师给学生布置同伴互评任务，但是绝对不能只要求学生给个分数，而是要求学生回答：这个组的作品有哪些优点？哪些是我们组没有考虑到的？我们下次会注意些什么？这个组的作品有哪些缺点？哪些是我们组也存在的问题？我们所提供的改良建议是什么？我给这个组多少分？我们组的评分依据是什么？根据评分依据，我们组需要做怎样的调整？对这些问题的回答既有助于了解学生的学情、学生的评分标准，也可以在此基础之上改进教学设计。

（4)"亮考帮"。

对分课堂所提出的"亮考帮"，它们的含义分别是：

- 亮——亮闪闪，是指学生在学习中发现的获益最多的部分；
- 考——考考你，是学生用自己已经掌握的知识考考其他人；
- 帮——帮帮我，是指学生列出自己不理解的部分寻求帮助。

"亮考帮"适合课后的学情分析，有助于教师了解学生的学习结果，并据其进行教学反思、改进。教师还可以对"亮考帮"进行改良，比如"亮考帮拓行"，"拓"是学生列出自己所推荐的拓展学习资源，"行"是指学生的学习实践行动。

（5）反思单。

反思单内容比较丰富，可以包含对学习目标、学习内容、学习过程、学习方法、学习体验等情况的反思，学生可根据自己的情况自由选择反思内容。教师也可以根据每次上课的内容，设计不同的反思输出单。反思输出单中的问题设计要符合学生认知水平，要指向教学的重难点，同时要抓住学生的认知矛盾。

图2-6是某教师设计的学习反思单示例，其中包含了如下几个问题：

- 上完这节课你的心情是怎样的?
- 这节课讲了哪些知识点?你觉得我有哪些问题没有澄清?
- 你在这节课的学习中遇到的阻碍是什么?你是如何解决的?
- 把这节课所学的知识整合在一起,绘制一幅属于你的独一无二的思维导图。

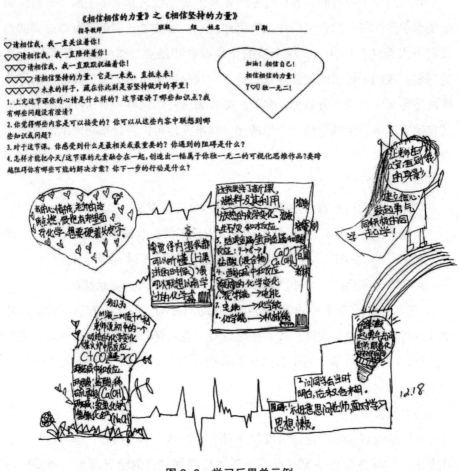

图 2-6　学习反思单示例

收集了资料,如何进行处理呢?很简单,对所收集的资料进行类型化处理。教师翻阅学生的亮考帮、反思单等资料,所需的时间并不长(如果是经验不足的教师可能需要的时间多一点),然后对这些资料进行分类。虽然学生是千人千面,但事实上,学生所写的东西大致跳不出几大类,你只需要分类呈现、分类回应就好。当然也可以组织学生相互回应。

一个小建议:不要在类型化回应时写上学生的名字,一是避免漏掉哪个学生,二是如果以哪个学生所提供的资料做反例的时候,这个学生也不会尴尬。保护学生尊严,也是教师的责任。

7. 比较分析法

比较分析法可以理解为根据一定的标准,对两个或两个以上有联系的事物进行考察、分析,寻找其异同,探求普遍规律与特殊规律的科学研究方法。比较分析法常与观察法、对话法、测验法等相互依存。

比如,一名教师为了研究导致学生成绩差异的原因,以便根据不同的学情开展有针对性的教学,做了以下比较研究设计:首先,将学生分为高分组和低分组;其次,分别就课上被提问的机会、参与小组学习活动的发言机会、提交作业的频率、主动提问的频率、参加班级活动的频率等进行比较。在这种比较中,教师大多能发现自己对不同组别学生的态度和方式的差异,即往往更多提问高分组学生,也更有耐心回答他们的问题,这反映了他者学情。

比如,有教师记录不同小组学生的学习任务排名情况(如表2-6所示),教师通过比较,发现第4组同学连续两次排名垫底,因此该教师选择与第4组学生主动交流,一方面给予他们学习支持,另一方面给予他们情绪支持。如表中第3次任务数据所示,在教师主动为第4组学生提供支持后,第4组逆风翻盘,由第4名跃升至第1名。如果教师将注意力放在各个小组的提升上,多关注暂时落后的小组,帮助他们提升,那就会出现各个小组齐头并进、共同进步的局面。

表2-6 某班各小组学习任务排名

组别	第1次任务	第2次任务	第3次任务
第1组	2	3	4
第2组	1	1	2

续表

组别	第1次任务	第2次任务	第3次任务
第3组	3	2	3
第4组	4	4	1

8. 鼓励学生主动提供学情

鼓励学生主动提供学情。以中学生为例，通常情况下，班额在40人左右，教师很难顾及每个学生的水平和需求，课程的内容、进度和侧重点主要依据教学大纲来把控，此外，不同的教师具有不同的个人风格，不见得人人都适应，因此课堂讲授难免有"夹生饭"。这时，就需要学生以提问或提建议等方式及时、主动地向教师提供自己的学情，把在课堂上没能消化的知识点搞明白、弄清楚，把课堂上的学习情绪、学习感受等反馈给教师。同时也算是给教师提醒——比如，某个概念学生容易混淆，下次上课再强化，或者，某种表达方式让学生感觉不适应，需要调整。这无形中协助教师改进教学方法、提高教学效果，最终受益的仍是学生自己。

虽说教师鼓励学生主动提供学情，但是大部分学生仍然不好意思课上提问、课下追问，为此，教师可采取便利贴模式。给每位学生准备便利贴，若遇到没有搞懂的问题，学生写在便利贴上并贴到教室的固定位置。教师可以在课上讨论时间或下课时浏览便利贴，并适时选择合适的方法回应学生。这种"无声"提供学情的方式，既可以减轻学生的紧张感，提高主动提供学情的概率，也有助于教师了解学情，把握教学节奏。

第三章

学习动机设计：引发学与教的共鸣

一、学习动机的五个层面

很多教师常抱怨:"学生学习动机不强,我多认真教都无用。"这感觉就像医生说:"请不要给我生病的病人,以便让我看起来像个好医生。"比起抱怨,不如问问自己可以做些什么不一样的,能促进学生学习的发生。比如,先从对学习动机多一份了解开始。

一般将学习动机分为外部动机和内部动机两种。根据动机的具体诱因,本章将外部动机细化为惩罚动机和关系动机,将内部动机细化为实用动机、发展动机和自主动机。

1. 奖罚动机

奖罚动机是指学生把学习作为获得奖励、表扬的手段,主要是想受到表扬,不想被批评。无论在家庭教育还是学校教育中,学生若不好好学习,家长或教师常会采取批评、责骂的方式来惩罚学生,目的是想督促他们好好学习。但是,一旦学生产生"我不想被惩罚,所以要学习"的心理,那学习就会与负面情绪感受连接到一起。

有效利用奖罚动机支持学习的关键在于:夸奖、表扬好好学习的行为,而非批评不好好学习的行为。目前,很多教师在认知上不认同奖罚动机,但在行动上又总利用奖罚动机。虽然奖罚动机有一些弊端,但是也可在特定阶段当作其他学习动机的启动环节。无论师生都切忌把奖罚动机当作唯一的学习动机,那将会引发严重的学习困难。

2. 关系动机

有研究表明,每天跟你交往频率最高的五个人的平均动机水平就是你的动机水平。在学习动力很强的学生周围,会聚集很多动力强的学生,在学习动力很弱的学生周围,一般也会聚集动力较弱的学生。这是关系的力量。

身处一个积极向上、有着共同目标的集体中,是件非常幸运的事情。试想一下,假设全班同学大多都不在乎成绩,只有一个学生努力学习,那这个学生能坚持多久呢?反之,如果全班多数人都在努力学习,那其他学生想不努力都很难吧?

关系动机涉及全班集体动机的培养,也涉及学生小群体的动机培养,当然,也涉及学生自主选择或建构自己的关系圈。也就是说,一个人有能力选择跟什么样的人一起同行,而这是被很多学生忽略的权利,他们常常被同桌或同宿舍的舍友的某些不良习惯困扰,或者因为在学校里没有朋友而苦闷。因此,教师要帮助学生自主选择或建构能促进自身学习的关系圈。

3. 实用动机

为了当下或未来的实际好处而学习,即实用动机。这基本上是很多教师向学生介绍学习价值的方式。大人们总是把当下的学习与未来的美好生活连接起来,认为当下学习是准备阶段,而未来是享受果实阶段。殊不知,未来是更远的未来的准备阶段,如此一来,学习就是一个永不停止的准备活动,是该喜还是忧呢?

无论如何,实用动机仍然是很有价值的动机。就像我在写文章没有灵感的时候,就打开一本书找灵感一样,读书就是一种实用动机。实用动机的关键是让学生觉得学习对他有用。

4. 发展动机

发展动机是为了发展自己,让自己变得更聪明、更博学而学习的动机。与关系动机不同,发展动机并不关注自己和他人的比较,而只关注自己和自己的比较。这与杜威的"生长"理念相同,学习的目的只为了"生长",除了"生长"之外,再无其他目的。

在每个人的学习历程中,肯定遇到过"以前不懂的道理,现在竟然能理解""以前做不到的事情,现在做到了"的喜悦时刻。如果能够不断涌现这种喜悦瞬间的话,学生就能感受到成长的快乐、发展的喜悦,从而进入"我想变得更好"的良性循环。

5. 自主动机

自主动机是指人希望在做一件事时具有自主性，能够自我掌控，自己做决定。

在带研究生的过程中，我发现，其实学生在长久的教育中或多或少丧失了自我掌控、自我选择的能力，他们在选择论文方向的时候，就非常茫然，希望教师能直接给一个题目。教师总觉得是因为学生太懒了，自己不学习，指望教师安排好一切。在我看来，这更像是一种习得性无助。因为一直以来，学生对自己的学习没有自主空间，总是被教师或家长安排得明明白白的，时间久了，一是自我探索的能力减弱，二是愿意自我负责的心态也减弱了。

一旦学生拥有对自己学习目标、学习时间、学习规划、学习方法等方面的自主权，他也更愿意主动学习。

一开始，就希望学生具备内部动机是不太现实的，教师可以先把外部动机作为入口，把学生领进学习之门。比如，为鼓励学生学习原本不太擅长的科目，教师可以说"做好了会被表扬（奖罚动机）"、"大家都在学（关系动机）"，通过外部动机先让学生不排斥学习。

要提高学生学习的持久性，同时具备多种学习动机很重要。就像飞机一般都有多个引擎，即使一个引擎出现故障，其他引擎还能保证飞机正常飞行。所以，如果学生具备多种学习动机，那么即使某个动机削弱了，其他动机仍能保证他继续学下去。

二、如何利用奖罚动机

1. 表扬学生

奖罚动机会促使学生为了获得奖励或避免惩罚而学习。"不做会被批评的事"和"继续做会被表扬的事"，你觉得学生更容易接受哪一种？虽然教师常常使用批评的手段，但它仅能短时间内让学生表面屈服而已，要想真正激发学生学习动机，表扬会更有效。所以，教师要会表扬学生。

不过，很多教师常采取无效表扬。无效表扬是盲目地夸奖，没有提供任何改进信息的表扬。比如，"你真了不起！""我就知道，你这么聪明一定会做对。""回答得好，简直是个天才！"

以上这些表扬都是固定型思维，让学生误以为他之所以做得好仅仅是因为自己的天资，而与努力、方法、思维和策略没有关系。这种表扬能给学生暂时的愉悦感，但是却不能够让学生客观、冷静地反思自己的学习历程，也不能有效促进学生的学习。

来试试有效表扬。有效表扬需遵循几条原则：表扬的目的是帮助学生辨别"哪些是好的行为"；对某位学生的表扬要坚持一贯的标准；表扬具体的细节行为，而不要只表扬某个特征；表扬要及时。

以下是三种有效表扬策略：

（1）表扬+提问。

- "你做得真好，我很好奇，你是怎么把这个学习任务做这么好的？"（这个问题驱动学生复盘自己的成功经验）
- "你真了不起，你是怎么做到的，你能解释一下你做了什么吗？"（这个问题驱动学生关注自己的学习行为）
- "你做得真不错，接下来我们做些什么更有挑战性的学习任务呢？"（这个问题驱动学生进行更高阶的挑战）
- "你完成了，你认为这是最好的方式吗？你如何证明这就是最好的问题解决方式？"（这个问题驱动学生进行自我评价和自我解释）
- "你做到了，如果你要教给你的同学，你会怎么教？"（这个问题驱动学生进行"教"的思考，因为"教是最好的学"）

以上表扬+提问的方式都能为学生提供改进信息，帮助学生通过对自己学习方法、学习思维、学习行为等的反思，提升学习能力以及继续挑战高阶学习任务的动力。

（2）表扬+因为。

总是按捺不住脱口而出给予学生表扬，那也没关系，在表扬后面给出具体表扬的原因，就能立刻提升表扬的效果。

- "你真了不起，因为我发现你尝试了好几种策略去解决这道数学题。"（让学生关注他的学习策略，以及多次尝试学习策略的行动）
- "你真聪明，因为你知道努力的价值，笔记写得非常清晰。"（让学生把自己的成就归因于努力，哪怕聪明也是因为懂得努力的价值）
- "你做得真不错，因为你一直在坚持，哪怕最初时总是错误不断。"（让学生理解坚持的意义和价值）
- "这很好，因为错误是学习的起点，你没有害怕错误，反而一次次地尝试和改正。"（让学生理性看待错误的价值）

这些表扬+因为的表扬方式，会强化学生的有效学习行为和学习观念，让学生继续以成长型思维来看待学习。

（3）描述行为事实+学生特质+教师感受。

有时候学生并没有取得什么明显的成就，没做对一道很难的题，没完成一项很难的任务，也没有考得好成绩，但是教师仍可以通过表扬帮助学生塑造良好的学习行为。

- "我发现你上课的时候一直在回应老师的问题（行为），这说明你在认真听课（学生特质），我感觉很放心（教师感受）。"
- "我发现你昨天提交的作业写得非常工整（行为），一看就是特别细心、整洁（学生特质），判着作业我都觉得赏心悦目（教师感受）。"
- "我发现课间有同学问你问题，你条理清晰地给他讲解（行为），你是自己学得扎实又很热心（学生特质），有你老师觉得很幸运（教师感受）。"

表扬是教师必备的一种反馈方式。它需要刻意练习，等到真正面对学生的时候才能够"信手拈来"。

2. 奖励学生

奖励是很多教师常用的策略，但奖励时也需要注意以下四个原则：

（1）勿设置与目标相反的奖励。

"这周平时作业如果完成得好，周末就不留作业。""做完这些作业，就可以玩两局电子游戏。"这种奖励大家都不陌生，但是细思极恐，这到底在鼓励做啥呢？写作业与不写作业、写作业与玩电子游戏是相反的行为，不要支持学生做相反的事。

教师应选择与目标相一致，或至少不会影响继续努力实现下一个目标的奖励。比如：

- "平时作业完成得好，奖励大家自主选择周末作业的完成形式。"
- "正确完成这些作业的同学，可以去操场上踢球。"

（2）勿给予过多物质奖励。

很多教师给全班同学买奶茶、面包、蛋糕等作为奖励，还有教师给表现优秀的学生买一些贵重礼物。如果总用物质奖励驱动学生努力学习，那很容易培养"为了奖励而学习"的心态，而不是享受学习本身的快乐。

路边采摘的一朵野花、上课偷拍学生学习的一张照片、给家长发一条表扬孩子努力的微信、在教室外的走廊展示学生的优秀作业……这些走心的奖励更能美化学生的心境，让他们更愿意为了学习而努力。

（3）勿设置高门槛奖励。

"如果能拿到比赛的一等奖，老师就奖励你……""如果下次你能答对全部的题目，老师就奖励你……""如果你下次能提高10个名次，老师就奖励你……"这样的奖励承诺没啥意义，对一直自觉学习的学生来说，他心中自有远大理想，不需要教师给什么奖励。对不爱学习的学生来说，他们平时对小的成功都缺乏体验，这时给他们"画一张大饼"，难以让他们产生现实的共鸣感，也不会为之努力，相反，他们会为眼前的小目标而努力，因此需要教师一步一步引导他们向正确的方向前进。不断给予小奖励，就是引路的好方法。

所以一开始要降低奖励的门槛。教师可把一个较大的目标分成若干小步，每一步都设置一个小奖励，这比仅仅在终点给学生设置一个大奖励，效果要好得多。比如：

- "因为这次比赛进了复赛,老师要奖励你……"
- "因为这次比上次多答对两道题目,老师要奖励你……"
- "因为这次比上次多考了5分,老师要奖励你……"

后补奖励比预告奖励要好,如,不要对学生说:"下次考试能考出好成绩的话,我一定奖励你。"但可以说:"上次考试你非常努力,所以我要奖励你。"

当然,也别被奖励这个词吓坏了,很多时候就是一句鼓励的话或认可的行动而已。比如,因为上课的时候学生主动回答了两次问题,教师奖励学生一个大大的拥抱。

(4)勿给予不必要的奖励。

心理学上有个"德西效应",是指当人们在进行一项愉快的活动时(内在动机),如果提供外部的物质奖励(外在动机),反而会减少或冲淡人们参与这项活动的热情。也就是说,一些原本不需要奖励人们也愿意做的事情,因为设置了奖励,反而让人在没有奖励的时候就不愿意做这件事了。

"德西效应"给教师以极大的启迪:当学生尚没有形成自发的内在学习动机时,教师给学生提供外部奖励以推动学生的学习活动,这种奖励是必要和有效的,但是,如果学习活动本身已经使学生感到很有兴趣,此时再给学生奖励不仅是多此一举,还有可能适得其反,使学生把奖励看成学习的目的,导致学习目标的转移。

三、如何利用关系动机

关系动机是指在学习动力很强的学生周围会聚集很多动力强的学生。目前,很多教师都只教学科知识,对班级的其他事情很少过问,而且很多没有担任班主任的教师跟学生之间的连结较弱,很少关注班级学习氛围的创造。其实,每一位教师都有责任帮助学生创建积极的学习氛围,让学生之间相互影响。

1. 帮助学生找到恰当的竞争对手,激发其自尊

心理学家阿德勒认为,每个人都有追求卓越的需要,这与自尊相关。自

尊让一个人不想输。为了点燃学生的自尊，教师先要帮助学生找一些实力相当的竞争对手。遥远的成功者基本不会激起人的自尊动机，但是好朋友如果学习成绩突飞猛进反而会激起强烈的学习动机。但是，现在教师或家长的习惯是给学生找一些高不可攀的竞争者，比如，隔壁班保送清华的优秀生，或者隔壁邻居家钢琴考过十级的女儿，这种"别人家的孩子"确实是不少学生童年的噩梦。

自尊与竞争相关，竞争势必有输赢。所以，不倡导以成绩排名作为衡量标准进行竞争，而是让学生把之前的自己当作竞争对手，纵向与自己比较，如进步程度、有效学习时间等。因此，激发自尊的关键点不是确定跟谁比，而是比什么。太多的人总是在学习结果上比较，而其实学习过程、限制性条件下的差异学习效果等也很关键。

2. 帮助学生创建学习小组，满足其归属需要

归属，其实就是自己需要的时候有人支持，同时自己也有被别人需要的时候。人就是这样一种动物，既喜欢接受，也喜欢给予。归属感就是我们彼此需要、彼此付出。如何促进学生之间的这种连结和归属感呢？

第一，构建连带制学习小组。对小组的评价要基于对小组内每个成员的成长评价。比如，小组内某成员的作业分数 = 自己作业的分数 + 小组分数。小组分数规则由班级同学商讨确定，如小组成员均在 85 分以上加 10 分，小组成员均在 70 分以上，加 5 分，小组有成员在 60 分以下不加分。以此连带制鼓励学生之间相互帮助：成绩相对差的同学主动提问和求助，成绩相对好的同学主动提供学习支持。

第二，设置组合性的任务。比如汇报，避免一个能言善辩的学生承包小组汇报任务，要让每个人都有机会作为代表发言或者补充发言，因为发言是梳理和展现学生学习思维的工具。当学生代表小组发言时，教师要允许小组成员之间相互提醒和相互启发。也可开启团队答疑模式，每位团队成员都至少要回答一个问题。规则决定了学生之间的交互模式，继而学生之间会相互督促学习。

第三，设置专门的环节，让学生说自己为小组做了什么贡献，自己又在小组其他成员身上学到了什么。在此环节，学生能够描述其他组员的学习行为和学习贡献，并聚焦学习，谈论学习，以此相互激发学习动机。

3. 组织学生分享学习经验，提高学习能力

很多时候，学生表现得不爱学习，是不知道如何学习、应学习到什么程度，也不了解什么样的学习习惯是好的学习习惯，而同班同学是回答以上问题最好的资源。无论哪个学科的教师，都可以组织学生分享学习经验。

第一，组织学生记录一周学习时间和学习收获，并进行分享。学生在分享和倾听其他同学的过程中才能够意识到自己的学习时间投入与学习收获之间的关系。比起教师苦口婆心地督促学生学习，学生之间的相互影响效果更好。

第二，组织学生分享具体的学习策略和学习方法。一是来自学生的方法可能更适合学生，二是学生更相信其他同学能做到的事情，自己也有可能做到。比如英语课，教师督促学生要多背单词，就让不同的学生分享背单词的不同方法。学生A说自己做阅读理解，遇到不认识的单词就根据上下文意思猜，猜之后再查单词确认，这是一种"猜测+比较"的方法。学生B说自己背单词的时候会先分析单词的词根和词缀，虽然可能耗时较长，但是可以举一反三。学生C说自己就是一遍遍地念和写，但是总是容易混。三个学生分享完之后，让学生反思：

- 自己常用的背单词方法是哪种？
- 自己认为最有效的背单词方法是哪种？
- 自己接下来将尝试采用哪种背单词的方法？
- 如果在这种背单词的方法中遇到困难，自己将如何克服？

第三，组织学生相互讲解学习重难点。比如，根据学习重难点设置几道题目，单双号学生分别抽取不同的题目，然后给学生准备时间，之后单双号两两配对相互讲解题目。如果遇到一方不会解的题目，则另一方负责教会；如果双方都不会解，则求助其他同学、教师，或上网查阅学习资料。教师要观察学生相互讲解的情况，发现遇到困难的学生，主动、及时地提供支持。

4. 教师展现学习能力和学习习惯，参与学生学习

不读书的教师，教不出会读书的学生。教师不能仅仅让学生感觉自己是一名教学者，还要让学生感知到教师更是一名学习者，因此，教师要表现出"挑战学习新知识""终身学习者"的姿态。

第一，教师要承认自己有短板和需要提升的方面。这也是与学生共情的方式，一个无所不能的教师反而让学生有距离感，与学生一起做一个学习者，共同提升，更能得到学生信任。

第二，教师展现自己最新所学的知识和技能，并将其与所教科目的知识和方法联系起来。教师只承认自己的短板还不够，还要让学生看到教师的提升与改变。当学生看到教师都在不断地进步和努力，自己也会受到鼓舞。最怕有些教师自己停滞不前，还要求学生一往直前。

第三，教师分享自己的学习方法和学习策略。教师自身也是班级群体的一部分，班级学习氛围的创设与教师有关。除了组织同学之间分享学习方法和学习策略之外，教师也要梳理自己的学习方法和学习策略，在讲授知识的同时分享经验，并让学生反思和选择适合自己的学习方法和学习策略。

四、如何利用实用动机

为了当下或未来的实际好处而学习，即实用动机。激发实用动机的最好方法就是让学生学以致用，并让他们看到实际效果。通常在这方面教师们做得很少。有几个小策略，可以尝试一下。

1. 让学生观察并自述学习某学科、某门课的价值和意义

与以往教师语重心长地告知学生学习与其考试、升学、就业的相关性不同，该策略是让学生自己观察学习的价值和意义，并进行分享。

一土学校在学期初的语文课上，组织学生一起绘制"语文学习树"（图3-1），让学生在树叶上写上"希望自己的学习树开出什么花、结出什么

果"。① 学拼音、查字典、认识更多的字、阅读更多的书、写出更漂亮的字、写日记、背诵更多古诗、讲故事……学生给出的答案虽然五花八门,但是他们已经开始发现学习语文对自己的价值和意义。

图 3-1 语文学习树

疫情期间,有教师组织学生思考"所学科目在'抗疫之战'中有什么作用",这就把学习聚焦到一个具体的实际情境中去思考。科学课,学生探索病毒的传播方式和预防措施并充当家里的抗疫宣传员,督促父母做好防疫;语文课,学生化身抗疫小记者,撰写疫苗研发、抗疫人物等相关新闻稿;美术课,学生绘制抗疫漫画作为礼物送给身边的抗疫英雄……

比起告知,学生的自我发现和自我行动更重要。

2. 布置"生活中的数学/语文/英语/化学/物理……"等任务

让学生注意观察生活,发现所学与实际生活之间的相关性,帮助其建立所学与所用之间的连接,既让所学有所用,也让所学更容易被理解。

比如,有学生就"家里铁锅生锈要除锈"这个问题,绘制"铁锈"相关

---

① 李一诺.学校是比家大一点的地方:一土老师写给家长的105封信(全二册)[M].北京:中信出版集团.2020:322.

笔记（图 3-2），详细描述了生锈条件、防生锈办法、除锈方法，进而延伸到为预防自行车生锈，在不同自行车部位可采取的不同预防生锈的办法。

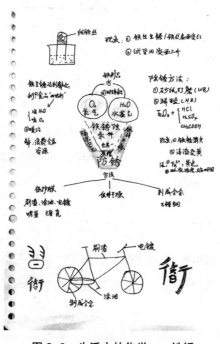

图 3-2　生活中的化学——铁锈

再比如，有教师让学生根据所学知识，思考有哪些治疗癌症的方法。有学生说可以限制癌细胞周围血管的生成，不给癌细胞提供营养物质从而饿死癌细胞；还有学生说针对特定的癌细胞研发抗体以杀灭癌细胞。这些方法运用的都是生物课所学过的细胞呼吸、人体免疫等方面的知识，这样不仅训练了学生举一反三的能力，也让学生了解到生物知识与治疗人类疾病之间的关系。

3. 引导学生了解就业市场需求

目前，生涯教育逐渐下沉到基础教育阶段，可邀请学生参加大学校园招聘会，或者让学生登陆招聘网站，了解自己未来想从事职业或岗位的招聘需求，了解职业或岗位的具体职责和所需能力水准，并对标自己当前所学及能力水平，确立自己的学习方向和学习路径。

比如，一个未来想做英语教师的学生，平时偏科英语，数学成绩相当不好，也不愿意在数学学科上投入更多时间和精力。通过了解教师招聘需求、教师资格证报考需求，发现要想当一名高中英语教师，首先要拿到本科文凭，而光英语好不能保证自己能考入心仪的本科学校。所以，开始思考并制定偏科学科的学习计划。

再比如，有学生想初中毕业就去中职学校就读，学汽车维修。他认为只要学好维修技术就可以，不用再学英语了。可是在了解招聘需求和岗位职责的过程中，他发现懂英语的话既能够读懂进口车的说明书和维修技术路线图，还能够更好地与外国客户沟通，而且懂英语的汽车维修人员的待遇也会更好一些。受此启发，他决定要加强英语的学习。

4. 融入课程思政元素

每一门课的教师都承担着思政教育的任务。将课程内容与国家建设和发展联系起来，让学生意识到自己的学习和成长与国家命运休戚相关，从而激发学生的学习动机。

比如，有教师教五年级英语，其中有一课为 *We lived in a small house*。课程的内容是通过对老奶奶的采访，展现中国的巨大变化。在教学过程中，教师以学生生活的城市为突破口，介绍了城市的标志性建筑物以及学校周边环境的变迁，让学生在对比的过程中思考：生活的改变是由谁带来的？为什么会有这样的改变？你希望未来还会有怎样的改变？未来，你会为这所城市的改变做哪些贡献？以这些问题引导学生进行积极正面的思考。

其实，要想把所有在学校学到的知识都和实际联系起来并不太现实。解决这个问题的关键点，不是教师告诉学生所学知识如何有价值，而是让学生自己发现并表达。很多一线教师的误区是"说得太多，听得太少"。

当然，有很多教师质疑："我的学生，不管怎么都说不动，就是知道学习有用，也不会好好学习！"诚然，没有一招制胜的万能方法，也没有一个对所有学生都能起作用的万能策略。积极引导，能触动一个学生触动一个，就怕教师自己什么都不做，还责备学生什么都不学。

五、如何利用发展动机

发展动机是为了发展自己，让自己变得更聪明、更博学而学习的动机。

1. 培养学生的成长型思维

让学生不要纠结于与其他人的比较，而把关注焦点放在自己的成长上。曾经一位教师给我留言问："有个学生很努力，家长也给他报了一对一的家教，但是孩子学习成绩还是不好，怎么办？"字里行间透露着这位教师和家长的焦虑。其实，把这段学习经历放到整个人生里，又算什么呢？放下焦虑，反而是给这位学生铺平了道路。可以对学生说："你这次考了45分，那下次要进步5分的话，要怎么做可以达到？"现在的教师和家长很少认可5分的进步，所以，也无法把学生送到50分的进步区。欲速则不达！

对一直不学习的学生说："一直以来，你基本上不怎么写作业，所以成绩是这个样子。如果你现在按时写作业，哪怕写得少一些，成绩会变成什么样子呢？你想不想知道呢？反正我是很好奇。"现在的教师和家长，很少对一个不按时写作业的学生有好的沟通，总盯着学生做不到的部分批评，如果帮助学生往自己能够做到的部分看，哪怕是很小的进步也值得鼓励。不积跬步无以至千里！

教师的话语在一定程度上能帮助学生聚焦自己成长的可能。除此之外，学生的自我沟通也很重要。自我沟通时，要用正向语言，避免非黑即白的思维模式。鼓励学生用成长型思维来自我沟通：

- 不要对自己说"我太糟糕了"，而是说"我还要继续努力"。
- 不要对自己说"我做不到"，而是说"我暂时还做不到"。
- 不要对自己说"我搞不定它"，而是说"我还在学习如何搞定它"。
- 不要对自己说"我没她那么厉害"，而是说"我要看看她是怎么做到的，然后试试看"。
- 不要对自己说"我又犯错误了"，而是说"看看我在这次错误中能学到什么"。

- 不要对自己说"我已经够好了",而是说"我还能做得更好吗?"

2. 提高学生的学习胜任力

一个人在什么时候觉得自己能胜任呢?在他面对与自己能力相当的挑战并且可以获得公正的评价时。对学生而言,如果总是做超出学习能力范围之外的事,他的认知负荷会非常大,最后大到直接放弃。很可惜,很多教师都不懂学习科学,总把学生不好好学习、不认真听课、不好好写作业等归咎于态度不认真、太懒惰。事实并不一定如此,有时可能是学生的学习能力暂时无法应对当前的学习挑战。

人的成长是一步步地来的,如果总是以最终的评价标准(高考、结课考试、满分标准等)来评价学生,就会发现很多学生总是处于挣扎之中,当一个人的成就感如此之弱的时候,就算教师相信他是有学习胜任力的,他自己也不相信。在教学中要让学生感受到学习胜任力,教师需要做到以下几点:

第一,保证学习内容的连结性。所讲授的学习内容要与学生已有的知识经验和生活经验相连结,促进学生理解新的知识内容。

第二,保证学习任务的阶梯性。学生可以根据对自身学习胜任力的认知选择相对应水平的学习任务,当完成此水平的学习任务后,再挑战下一水平的学习任务,如果遇到困难,教师或其他同学可及时提供学习支持,以提高学生的学习胜任力。

第三,保证以成长标准来评价学生学习任务的完成情况。只要学生在成长,学习胜任力就在提升。

3. 提高学生的自我效能感

自我效能感指一个人对自身能否利用所拥有的技能去完成某项任务的自信程度。自我效能感反映了学生对自身学习胜任力的感知。有时候,学生明明有学习胜任力,但是却不相信自己有,这是自我效能感低的表现。以下是提高学生自我效能感的方法:

（1）能力萃取法。

首先需要达成共识的是：能力是可迁移的。能力萃取法是指帮助学生从既有的成功经验中萃取出自己的关键技能，再把关键技能拓展到学习领域中。

第一步：讲一件学生之前做得很不错的事。

第二步：萃取出一个能力名词，让学生理解自己所具备的这种能力。

第三步：明示或暗示学生，这种能力对学习有什么价值。

比如一个游戏成瘾的学生，他在短时间内打游戏成为了王者。在这个事情中，能够萃取出他的团队合作能力、快速学习能力、获取和处理信息的能力，这几个能力均是学习领域的关键技能。

（2）回望法。

让学生回想一件他之前觉得自己肯定做不到，但最后做成的事情。当学生看到自己有超越自我的经历，也会为当下的学习积累信心，提升自我效能感。即便学生觉得一件超越自我的事情也没有做到过，也有办法，那就是在时间线上看学生的成长变化，以此让学生感受到力量和能力。

曾经有个学生找我咨询，她说自己入学以来，积极参与各个社团组织的竞赛活动，只不过每一次都失败了，她觉得自己一无是处。她说没想到一入学就像被判了死刑一样，自己做什么都会失败。对未来的学校生活，她感觉不到一点希望和生机。我问她：“那你告诉我，你第一次比赛时的自我介绍跟最后一次比赛时的自我介绍一样吗？"她突然就笑了，说："不一样啊！"她开始兴奋地跟我讲第一次自己有多窘迫，后来通过观察别人，自己现在已经学会了……看着她兴高采烈的、手舞足蹈的样子，我知道，她已经重拾了自我效能。

（3）支架式期待法。

大部分自我效能感低的学生都面临着他人，尤其是成人的负性评价，这导致他们更不相信自己，也缺乏行动的动力。面对这样的学生，教师可先表现出期待和信任，对学生说："这个任务，我相信你可以做到××水平。我真的很看好你！"

但是，单纯的给自我效能感低的学生高期待，很可能造成他们更大的压力和紧张感。因此，教师需要给学生支架式的期待，也就是说，在表达期待的同时，需要提供一些达成期待目标的方法和策略，并表示在必要的时候将给予帮助。

教师为学生提供的方法和策略，以及可随时陪伴的诚意，即为支架。学生被给予这样的期待和帮助，多会重拾信心和行动力量。

（4）写小作文法。

让学生写一篇小作文，题目是《我实现了×××梦想》。作文的内容围绕"我实现了×××梦想，我能实现这个梦想，主要是因为我做了……"。

这是通过让学生体验想象中的成功来增强自我效能感。人的大脑具有欺骗性，并不善于区分真实的体验和想象中的体验，利用大脑的这个特性，可以轻松地帮助学生提高自我效能感。这其中的关键点是，不仅仅让学生体验成功，还要让学生说出自己成功的原因，也就是具体的行动步骤，这会成为指导学生学习行为的说明书。

4. 引导学生良性归因

先来测测你的归因习惯。

问题一：你有过什么成功的经验？你认为自己成功的原因是什么？以下哪个回答你觉得符合你的情况呢？

- 因为我运气好。
- 因为我每天都很努力，且完成了我每天制定的目标。
- 因为我有天赋。
- 因为考试难度太低了。

问题二：你有过什么失败的经验？你认为自己失败的原因是什么？以下哪个回答你觉得符合你的情况呢？

- 因为我运气不好。
- 因为我不够努力。
- 因为我不如别人有天赋。
- 因为考试难度太高了。

理想情况下，当学生学习失败的时候，如果能够进行反思，找出失败的原因，下次再挑战时，只要消除上次失败的原因，就可能避免同样的失败。同理，当学生学习成功的时候，如果能够进行反思，找出成功的原因，那么下次再挑战还可能成功。而且，根据成功的经验继续挑战，可能多次再现成功。但前提是学生找出的学习失败和成功的原因是他可以控制的，如果学生把失败和成功归因于他无法控制的因素，那对迎接下一次的挑战就没有什么用处。

先来看看原因归属表（表3-1），如果学生把学习成功或失败归因于内在、可变的原因，那他就更愿意主动迎接下一次的挑战，也相信自己有战胜挑战的可能。如果学生把学习成功或失败归因于外在、不变的原因，那他可能就不愿意再努力学习。因此，只有内在、可变的原因才是良性归因。

表3-1 原因归属表

是否可变 \ 是内在还是外在	自己的原因（内在）	他人的原因（外在）
下次可能不同（可变）	努力、方法、能力（认为可变）	运气
每次都一样（不变）	性格、能力（误以为不变）	环境（学校、家庭）

怎样才能让学生把归因的焦点放在"努力""方法"等内在的、可变的原因上来呢？教师可以通过一系列的提问，让学生不断给出具体的答案，一步一步把他们引导到"努力"和"方法"上来。

比如，很多学生物理成绩很差，如果你问他们原因，有些会说"我讨厌物理"，也有些回答"我一直不擅长做物理题"。这些原因虽属于内在的，但是却属于不变的"性格"、"误以为不变的能力"等方面的原因。其实，大多时候，只是因为一时的挫折，或者一时的学习无力感而陷入了负面情绪，认为自己不喜欢、不擅长、没能力而已。此时，教师可以深入挖掘他们的想法："你为什么不擅长做物理题呢？"

如果学生回答说"我上课的时候听不进去""我几乎没有做过练习题""遇到不会的问题我也不会求助老师或其他同学"，这时，学生已经开始认识到自己的努力不足，解决问题的策略也相应地呼之欲出了。

如果学生回答说"做物理题的时候没有画辅助图""计算数据的时候没有打草稿"，那就说明学生已经注意到"努力的细节"和"具体的方法"，相应的，就会引导他们关注这些细节和方法。

如果学生回答说"一想起物理就头疼""物理很枯燥"，这一般是学生把原因归咎于自己无能为力的外在因素，此时，教师需要引导学生克服畏难情绪，一是通过提问的方式，引导学生一步步理解某道物理题的内容（这是针对物理老师而言），二是通过提问的方式，引导学生聚焦成长型思维，缩小对自己的要求，慢慢进步，比如"物理这么难，咱们慢慢来，如果下次考试提高5分，咱们怎么做就可以达到？你有没有什么好方法？"或者，学生可能也没什么好方法，教师可以说"我有几个方法，你看哪个比较适合你？"，通过提供一些学习经验供学生选择来激发学生的学习行动。

六、如何利用自主动机

自主动机是指人希望在做一件事时具有自主性，能够自我掌控，自己做决定。

我也问自己为什么要每天读书、写作，有外部的因素吗？有！但是能坚持下来，是因为这是我自己选择的事情，我为自己的选择负责而已。所以，很多人觉得很难的事情，于我而言只是我选择了而已。这个自我选择就是我的自主性的体现。

人在什么情况下会觉得自己是自主的呢？在他有选择的时候。我曾问过很多教师，他们在教学中给学生的选择权有多少，大部分教师都回答不出来，因为对学生的控制太多了，反而不知道如何赋予学生自主，害怕学生像脱缰的野马。以下分享两个提升学生自主动机的策略。

1. 让学生制定自我学习规划

简单点说就是让学生规划自己的学习目标以及实现学习目标的步骤。通常都是教师替学生进行规划，很少有教师把学生引入学习规划中，让学生做规划的主人。如果让学生自行制定学习规划，那学习目标和学习规划对于学生个人而言就具备了情感价值，他会自愿地投入进去，这种投入的强度会维持着动机。

每门课程在每个学期中都应该拿出专门的时间带领学生自主做规划，这里要注意：不要求学生千篇一律，允许学生的规划有自我的风格和标准。

此外，不能对学生的规划毫无参与，否则有可能会放任自流，这时候就体现出集体规划、群体规划的重要性。除了自我规划之外，学生所从属的小组、宿舍、班级也可设计集体规划，学生选择自己在集体规划中的贡献，这种自我规划与集体规划的交互作用、学生与群体中其他人的互动，均可提升学生的内在学习动机。

2. 给予学生选择的机会

学生心中都埋藏着一颗自由的心，越规训越抵抗，所以教师不要完全控制学生的节奏。要适当地放手，给学生选择。当然不是无边的自主和自由，而是在有限范围内的选择，给出选项，让学生选，这是培养学生自主能力的重要方式。

比如，写作业这件事，通常都是教师直接下命令布置作业要求。现在，教师可提供 AB 两份作业，学生可自由选择其中一份或两份都做；作业提交的时间，学生可自由选择周六或周日提交；作业完成的形式，学生可以自由选择思维导图、写作、编排情景剧、绘制海报等形式。

再比如，奖励学生这件事，通常也是由教师来决定。现在，教师也可为学生提供选择。首先，让学生选择自己可被奖励的时机和标准。只有当学习者认为他应该得到某项奖励时，奖励才有促进作用。在校报上发表一篇文章，对某些学生来说是值得奖励的事情，对某些学生来讲有可能就是一件普通的小事。基础、能力、标准不同，要区别对待。其次，给学生以选择区间，让学生自主决定奖励内容。不要奖励学生不再需要的东西。

七、没有动机也没关系

在我们大脑中,有一个叫伏隔核的脑区,它并不大,小小的一点,但是掌管着我们做事情的动力。只要伏隔核兴奋,一个人就会有干劲。那怎么让伏隔核兴奋呢?方法就是:别管三七二十一,先动起来。

想一想,你有没有类似这样的经历:本来就想擦擦水池子,结果把马桶和卫生间的地板都擦了一遍;本来就想简单收拾一下衣柜,结果把所有衣服都拿出来重新叠了一遍……这个心理学现象叫做行动兴奋。行动兴奋是指虽然一开始没什么动机,也没什么想做事的欲望,但是一旦开始行动,状态就会渐入佳境,注意力也越来越集中。这对教学亦有启发。

很多教师误以为先要激发学生学习动机,才能让学生启动学习。伏隔核兴奋、行动兴奋则提供了新的启发:学生不一定是先爱上学习,再学习,而是先学习起来,再爱上学习。所以,当教师不知如何激发学生学习动机时,就先让学生动起来,参与到学习活动中,在参与过程中,学习动机就会越来越强。

1. 让学生动动口

"动动口"的意思是让学生开口说话。现在的课堂常态是:教师在台上大声讲,学生在台下小声讲,一旦教师提问,学生就鸦雀无声。所以,如何让学生有效地发言是一个很重要的问题。想让学生动动口,需要教师非常敏锐地从学生表现的蛛丝马迹中、与学生的对话中捕捉到他们不开口的主要原因:可能是真的不会,可能是不好意思,也可能是不屑开口。

对于真的不会的学生,教师要采取支架式提问的方式循序渐进地引导学生,从学生知道的知识开始设问,并给出一定的提示。

对于不好意思发言的学生,教师要创设发言氛围,可让学生先两两讨论再当众分享;也可以设置"个人为小组做贡献"的回答机制诱导学生自我突破;也可以从全班集体性回答问题入手,先让学生习惯集体回答问题再过渡到单独回答。

不屑于回答问题的学生，要么觉得所学知识无价值，要么觉得所学知识太简单，总之觉得学习是在浪费时间。此时教师要知难而上，应对这部分最具挑战性的学生。或者提高学习的难度，让这部分学生有获得感；或者给这部分学生布置额外的任务，如教其他同学或者在小组里承担观察者角色等，让他们有归属感和胜任感；也可以"挖个坑"，出一个学生自以为知道但是却会答错的问题，让学生意识到自己进步的空间。

2. 让学生动动身体

"动动身体"的意思是让学生在课堂上有所动作，小到动手写，大到身体的运动，都对激发学习动机有效果。只不过学生习惯了在课堂上的静听模式，对行动模式并不是很适应，甚至一开始会各种吐槽，想拒绝、想逃避，有时候还想反抗。

别担心，你只管"温和而坚定"地提出并执行你的学习活动设计，因为学生大多是"被动开始，主动结束"，也就是说他们基本上刚开始不情愿，后来尝到甜头，最后也会乐在其中。当然，这里指的是大多数学生。很遗憾，总有些学生反射弧长一些，反应比较慢，别介意，做你觉得对的决定，总有一天他们会明白。

怎么让学生动起来？"动动身体"不是让学生随意地想怎么动就怎么动，那会让他们成为一群脱缰野马，后果不堪设想。身体动作必须与所学知识相连接，属于限定性的行动。

分享几个"动动身体"的学习活动。

- 一分钟写作：一分钟内迅速写下自己的观点。
- 伸展总结：边向搭档讲解自己的收获，边做一个伸展动作，搭档边倾听边模仿。
- 动作表达：用身体动作表达自己的主要观点。
- 四角站位：教室四个角分别代表四种观点，让学生根据自己的观点选择占位置。

身体的行动有助于大脑神经的连接，有助于学生深度的思考，而且就单从身体运动能让心情好这一点上，也值得动一动。不过有时因为身体运动，班级可能欢乐到暂时失控，教师也别太纠结，让学生在你的课堂上大声欢笑也是不错的经历。

3. 让学生动动脑

"动动脑"就是让学生在课堂上开动脑筋。开动脑筋时大脑会分泌让人愉悦的内啡肽，是学习最大的奖励。无论是让学生"动动口"还是"动动身体"，都离不开动动脑，它们通常就是"动动脑"的外化表达方式。所以，关键还是怎么让学生动脑。

通常教师上课时喜欢对学生说"好好想一想""思考思考"，但这常常不起什么作用。因为不是教师让学生"想一想"，学生就知道怎么想了。实际上，学生常需要明确的支架帮助他"想一想"。比如：

- 让学生课前阅读所学知识，并提出一个收获点、两个问题点。
- 让学生针对课上所讲知识设置问题，各组相互提问，答对积分，答错扣分。
- 给学生一个具有挑战性的任务，让他们体验任务达成时的成就感。
- 告诉学生今天课上会埋几个"雷"，就是教师会故意讲错几个点，只要学生保持清醒、找出教师讲错点的学生有奖励（奖励最好能够增强师生情感连接，比如拥抱、五分钟肩膀按摩等）。
- 偶尔出个脑筋急转弯，也算动脑。

有次我上课给学生讲"思维定势"，玩了一个游戏，我说"老鼠"，学生举左手，我说"鼠老"，他们举右手，连续"老鼠、鼠老、老鼠、鼠老……"之后，学生身体参与、大脑也参与的紧张情况下，我突然问"猫怕什么？"很多学生脱口而出"老鼠"。我哈哈地乐，当学生意识到猫怕狗、怕老虎、怕人，反正不怕老鼠的时候，我就开始引入"思维定势"的学习了。这算是动手、动口、动脑"三动合一"了。

总而言之，别让学生闲着。你不"折腾"学生，学生就"折腾"你。课堂上给学生找事做，他们会受益无穷。

第四章

学习目标设计：共担学与教的责任

一、学习目标设计中的常见问题

1. 错把教学内容当作学习目标

大部分教师都认为自己会在备课时确定教学目标,也会在上课时让学生了解学习目标,他们还会举例说:"比如我昨天一上课,就告诉学生目标了,我说,'今天咱们要学习水资源的概念、水循环的主要环节及意义、河流径流与河水补给的关系'。"很显然,教师对学习目标存在着误解,错把教学内容当作学习目标,忽略了学习目标在学生学习和教师教学中的导向、诊断、调控和评价的功能。这导致上课时,略过学习目标,直接开始讲授学习内容、布置学习活动,至于讲授的目的是什么、完成学习活动的目的是什么等都不清晰。

如果教师坚持把教学内容当成学习目标,会引发学生不同的目标追求。以学习《静夜思》为例,有的学生认为能背诵《静夜思》就是达成了学习目标,有的学生认为能解释《静夜思》的写作体例及意蕴才算达成了学习目标,还有的学生认为能仿写《静夜思》才行。所以,我们要避免把教学内容当成学习目标。

有些教师提出质疑,他们认为现在倡导探究式教学,鼓励学生自主探究学习目标,所以不给学生提供学习目标也是合理的。这是对探究式教学的误读,让学生探究,不是让学生在"黑漆漆的房间"里乱摸索,而是有目的地探究,包括探究问题、探究活动、探究成果、探究评价、探究反思在内的所有学习环节都须围绕着学习目标展开,这才能避免学生"探究得热热闹闹、学习得迷迷糊糊"的状况发生。

明确的学习目标有助于教师组织学习材料、确定学生要达到的水平、设计学习评价方式、组织学习活动,等等。没有学习目标,教师就会围着学习内容转,那就很可能想一出是一出,缺乏系统性,也很难做到教学评的一致性。

2. 学习目标不是写给学生看的

教学目标是教师写给自己的,因为他要确定通过自己的教学将要达到怎样的目的。但是,教师还要把教学目标转化为学习目标,写给学生。因为目标如果只存在于教师的教案或教师的心中,是起不到学习导向作用的。杜威认为"教之于学就如同卖之于买",意思是说一件商品,如果别人没买走,就不能说卖了,在教育中亦是如此,如果学生没有学会,教师也不能说教过了。单纯从目标来看,如果学生没有看到或理解学习目标,那教学这个"买卖"的第一步就出了差错。

学习目标是写给学生看的。这个观点几乎所有的教师都认同,但是一旦将理论落实到具体实践中就遇到困难。很多教师撰写的目标是这样的:

- 使学生接受理想信念教育。
- 引导学生弄清各语句的含义。
- 激发学生树立正确的人生观。
- 提高学生运用乘法解决问题的能力。
- 培养学生欣赏诗歌的能力。

很显然,这些目标的主语都是教师,而不是学生。这些目标反映出教师在思考自己"教什么""如何教",却不能看出学生"学什么""如何学"。这也反映了在学习目标设计与实施过程中,很多教师并未真正意识到学习目标对学生学习的引领价值,以及学习目标对学生调整学习计划和学习方式、进行自我评价的宏观调控和指导作用。

也有教师撰写学习目标时出现双主语的情况,如"指导学生有感情地朗读,学生说出文章所表达的情感",其中,"指导"的主语是教师,"说出"的主语是学生。双主体现象也说明教师无法完全区分哪些是教师的责任,哪些是学生的责任,这也容易引起学生的混淆。

3. 学习目标表述过于笼统

学习目标须清晰地表述出学生通过学习所能达到的学习结果和学习标准，它理应是具体的、清晰的和明确的，是学生可理解的、能读懂的。这意味着学生看到学习目标之后，能至少明确两点：第一，知道自己学完之后会产生什么学习结果；第二，知道学习结果达到什么程度就证明达成了学习目标。

然而，目前，教师在学习目标设计中常存在的问题是用语过于笼统，使用的词语多是难以清晰界定、测量或评价的，如"了解""知道""理解""掌握"等。到底学生做到什么程度就算"了解"？学生表现出哪些外显行为就算"掌握"？

学习目标表述笼统还体现在如下几个方面。有些教师混淆课时目标、课程目标和教育目标，将课时目标写得过大，如"识字 201 个，能辨别常见同音字和形近字，能认读学过的多音字"，这显然属于课程目标，而非课时目标。有些教师将学习目标写得"放之四海皆准"，适用于某个类型的课堂，未与具体学习内容相衔接，如"能正确工整地书写汉字，并有一定的速度"，这显然是一个"万能目标"，包含生字学习的语文课似乎都适用。

4. 学习目标缺乏连贯性

同一教学单元的不同课时之间的学习目标应具备连贯性，不同教学单元之间的学习目标应具备连贯性，同一科目不同学期的学习目标应具备连贯性。但有些教师对学习目标的连贯性关注不足，要么重复之前已达成的学习目标，要么在连续课时中出现学习目标的鸿沟，导致后续课时学习目标难以达成，这既反映了教师对学习内容之间的关系不了解，也体现了教师对学生学情的忽视。学习目标的设计在一定程度上反映了教师的备课水平。

有些教师还会忽略同一课时内不同学习目标之间的连贯性。学习目标之间仅有内容上的相关性，而没体现出学生学习能力的连贯提高。如一教师设计的《岳阳楼记》的学习目标如下：

（1）说出作者及其生平。

（2）说出《岳阳楼记》的写作背景。

（3）说出《岳阳楼记》的文体特征。

很显然，这三条学习目标之间没有体现出目标的层次感，也缺乏连贯性，比如学生不了解作者的生平（目标1），也可以说出《岳阳楼记》的写作背景（目标2）。如做以下修改则可体现学习目标的连贯性：

（1）说出《岳阳楼记》作者及其生平。

（2）说明作者所生活年代及写作背景与《岳阳楼记》文体特征之间的关系。

二、三维学习目标

三维目标包含知识与技能、过程与方法、情感态度价值观三部分。三维学习目标可分为两类，一是结果性目标，指"知识与技能"目标；二是体验性目标，指"过程与方法"和"情感态度价值观"目标。

1. 知识与技能

知识与技能是使某一学科领域得以确立的基本组成要素，其中，知识是指各个学科要求学生必须掌握的该学科所特有的事实、概念、规律、规则、原理、定理等，技能是指运用所掌握的知识去完成某种实际活动的行为方式。技能又分为动作（操作）技能和智力技能。动作（操作）技能专指肢体操作能力，如数学的测量、美术的绘画、化学的实验、生物的解剖等。智力技能是指运用概念和规则等知识，在头脑中进行认知活动以获得能力的方式，如语文和英语的阅读、写作技能，数学的推理、运算技能等。

知识与技能目标反映的是学生可观察、可测量的学习结果。如"说出天平的构造、正确的使用方法和注意事项"属于知识目标，"用天平、刻度尺和量筒测定液体及固体的体积与质量"则属于技能目标。

2. 过程与方法

过程与方法的内涵可简要概括为"学会学习"。过程与方法包括但不限于获得搜集和处理信息、获取新知识、分析和解决问题以及交流与合作等能力。对"过程与方法"的培养，一是注重在获得"知识与技能"的过程中，提高学生的观察力、记忆力、思维力、想象力和创造力等；二是注重与所学学科相关的学习方法，提高学生的自主学习能力。

过程与方法目标是学生牢固掌握知识与技能的需要，同时也是发展学生的智力与能力、培养其创造力的需要。如"学生通过实验探究，能初步说明求比值的基本方法""学生能用添加辅助线的方法，把平行四边形问题转化为三角形、正方形等问题"，其中"实验探究"和"添加辅助线"都体现了学习目标中的"过程与方法"。

3. 情感态度价值观

情感态度价值观是由情感、态度（行为取向）和价值观（认知）三个部分组成的有机整体，它既是学生学习的目标，也是学生达成学习目标的手段。情感态度价值观主要包括三个方面，一是对学习内容所蕴含的审美情趣和思想道德因素的感知，二是对学科学习和学习过程、方法的态度，三是对客观事物的价值判断。

情感态度价值观目标具有一定的隐形性、不确定性、随机生成性，也较难用十分精准的表述来呈现。基于此，建议遵循"三维目标统一"的原则，采用"知识与技能""过程与方法""情感态度价值观"三维融合的表述方式，如"通过查找、呈现鸦片害人误国等方面的背景资料，意识到毒品给个人、家庭，甚至国家、民族带来的巨大危害，初步树立'远离毒品、珍爱人生'的认识与观念"。

4. 三维学习目标之间的关系

知识与技能目标立足于让学生学会；过程与方法目标立足于让学生会

学；情感态度价值观目标立足于让学生乐学。学生若想学习任何知识和技能（学会），一般都要运用一定的思考与学习的方法（会学），也会伴随一定的情感和态度，有一定的价值取向（乐学）。因此，三维目标是一个有机的整体。三者是学习目标中彼此渗透、相互融合的三个维度，而不是独立的三个目标。在课堂教学中，不能落实了一维目标再落实另一维目标，而应将三维目标融合起来，指导教与学。

因此，在撰写学习目标的过程中，并不需要完全按照三维目标分别表述，而应将三维目标统合起来一并加以叙述。也就是说，教师所设定的同一个学习目标中可既包含知识与技能目标，也渗透学法指导，同时还渗透情感态度价值观方面的内容，三个维度相互借力，共同促进学生整体素养的发展。

以《虎门销烟》的学习目标设计为例，三维目标融合式表述如下：

（1）通过查阅相关背景资料，重点阅读课文最后一段（过程与方法），简述"虎门销烟"这一重大历史事件的来龙去脉以及给中国近代史带来的深刻影响（知识与技能）。

（2）通过阅读课文（过程与方法），画出形容林则徐的禁烟民族英雄形象的语句（知识与技能），初步形成天下兴亡、匹夫有责的责任感（情感态度价值观）。

（3）通过查找、呈现鸦片害人误国等方面的背景资料（过程与方法），意识到毒品给个人、家庭，甚至国家、民族带来的巨大危害，初步树立"远离毒品、珍爱人生"的认识与观念（情感态度价值观）。

以《平行线图形》的学习目标设计为例，三维目标融合式表述如下：

（1）学生能够用分离平行线基本图形的方法（过程与方法），解决含有两组平行线的图形问题（知识与技能）。

（2）学生能够根据已知图形的结构，添加辅助线（过程与方法），构造平行线的基本图形（知识与技能）。

（3）学生能够在以上目标达成过程中，树立画图意识（情感态度价值观）。

5. 核心素养与三维目标之间的关系

以汽车驾驶为例。交通规则是知识；倒库、移库、坡起、加速、停车等是技能；喜欢开车、出门选择开车、开车时遵守交通规则等是情感态度价值观；驾驶技能不是看书本看会的，也不是看视频练会的，而是在开车中学会的，这就是过程与方法。

会开车，但是在黄灯亮起的时候是加把油冲过去还是慢下来等绿灯，在没有人却有很多岔路口的乡间小路是快速开车还是慢速前进，在没有红绿灯的路口是礼让行人还是肆意通行，在后车恶意超车的时候是让他走还是也恶意超车甚至谩骂，这就是核心素养的差别。核心素养包含关键的知识和技能（驾驶）、必备的品格（礼貌驾驶）和良好的价值观念（尊重生命）。素养的建立必须通过知识、技能、态度、情感等的加持才有可能实现。

《义务教育课程方案和课程标准（2022年版）》颁布实施后，学科核心素养的培养受到教师更多的关注。很多一线教师困惑于学科核心素养与三维学习目标之间的关系，不知道学科核心素养是对三维学习目标的否定还是超越。实际上，结合汽车驾驶的例子，我们就能明白，学科核心素养与三维学习目标之间是继承与发展的关系。三维学习目标是发展学科核心素养的载体，学科核心素养是三维学习目标的综合表现。事实上，对于不同学科，在三维学习目标和学科核心素养之间都可建立联系。图4-1展示了高中信息科技课程学科核心素养与三维学习目标之间的关系。

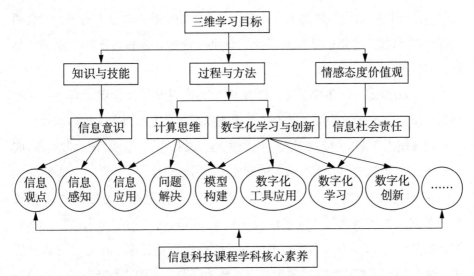

图 4-1　高中信息科技课程学科核心素养与三维学习目标之间的关系

三、学习目标撰写方法

设计学习目标时,必须把学习活动预期或者应当达到的学习结果表述出来。学习目标的表述要明确、具体,具有操作性和层次性,这样不仅便于学生在课前了解学习内容和授课方式,而且可以在课堂上检查学习效果。

1. 行为目标表述法

行为目标表述法又称为 ABCD 法。目标表述中主要包含四类信息,分别是对象、行为、条件和程度。

A(audience):对象,即"谁"。学习的主体是学生,目标描述的应当是学习主体的行为。规范的目标格式以"学生能……"开头,但在实际应用中教师可省略"学生"两个字。虽然撰写时可以省略,但是思想上要牢记:教学的对象是学生,学习目标是对学生行为表现的测量。

B(behavior):行为,即"做什么"。行为动词用于描述学生可观察、可测量、可评价的具体行为,这也是教学目标表述中最重要的部分。一般情况下,使用动宾结构的短语来描述行为,其中动词是一个行为动词,它表明了学习的类型。常用的动词有说出、辨别、描述、改写、比较、绘制、分析、解释等。

C(condition):条件,即"什么条件"。条件是指学生展示自己所掌握知识、技能、态度的条件。行为产生的条件可能是人的因素(比如独立、小组、教师指导下等)、信息因素(比如资料、教科书、笔记、词典等)、时间因素(比如速度、时限等)、过程因素(比如讨论交流、实验设计、画图等)。

D(degree):标准,即"做到什么程度"。它是指学习结果的质量或可接受的最低衡量依据。应当以大多数学生在经过必要的努力之后,都能做到的事情作为行为的标准。主要涉及准确度、差错率、速度等方面的要求,通常都是回答"多好?多快?"这样的问题。比如"判断对错,正确率100%"。教师还应考虑到学生行为表现一般具有差异性,不同学生的起始标准存在差异。

根据行为目标表述法,学习目标的撰写可参照以下格式(表4-1),具体为:学生能够,在……条件下,完成……的任务,达到……的标准或水平。如,学生(A)能够在10分钟内(C)列举出3~5个案例(B),且正确率至少达到90%(D);学生(A)能根据提供的材料在45分钟内(C)完成(B)一篇不少于800字的夹叙夹议的作文(D)。

表 4–1 行为目标表述法

目标要素	目标说明	举例
主体(A)	教学对象	学生
行为(B)	做什么	能够列举 3~5 个案例
条件(C)	怎么做	通过观察生活实际 / 给定学习内容下 /10 分钟内
标准(D)	做得怎么样	正确率至少达到 90%

在实际撰写目标时,主体(A)和标准(D)都可省略,所以学习目标表述可能呈现为:A+B+C、B+C+D 等形式。这里面有两个要素必不可少,分别是行为(B)和条件(C)。如果学习目标表述中没有条件(C)会怎样,

我们一起来看看某位教师所写的学习目标。

- 概述光合作用的概念和过程。
- 表达对《论语》主要思想的理解。
- 说明为何国家利益是处理国际关系的决定性因素。

以上这几个学习目标，往往会被认为是还不错的学习目标的表述形式，现在我们站在学生立场重新审视。学生看到这些学习目标，他能知道自己要学习的内容是什么，以及需要完成的任务，但是，很遗憾的是，一般新知识对学生来讲很陌生，"光合作用""论语""国际关系"，这些词之前没学过，会让学生头大，觉得迷糊。

要提供让学生看得懂，还有学习抓手的学习目标，那就需要在目标中多加一些"条件"的部分，这是回答"如何学""怎样学"的内容，也属于"过程和方法"维度的目标，是教师常常忽略的部分。

再看几个例子：

- 能够运用切割法与平移法（C）计算梯形面积并解释两种方法的差别（B）。
- 能够利用生命的物质观（C），为目标人群（糖尿病患者、高血压患者、减肥人群、青少年）等提出饮食建议和营养食谱（B）。
- 能够观察城市空间结构图（C），区分不同城市空间形态属于哪种模式（B）。
- 根据城市的形状特点以及地形、河流、道路等地理要素（C），剖析不同城市空间形态模式的形成原因（B）。
- 阅读并分析"美西螈核移植实验""蝾螈受精卵横缢实验""变形虫去核及核移植实验"（C），归纳、概括出细胞核的功能，提升生命观念（B）。

这几个目标不仅说明了要学什么，还说明了如何学、怎么学，这些对学生来说是非常关键性的问题。把条件提供给学生，是个明智之举。

2. 内部过程和外显行为相结合表述法

有学者批评 ABCD 法过于形式化，会导致师生只关注外在的行为变化而忽视其内在的能力和情感的变化。因此，内部过程与外显行为相结合撰写教学目标的方法应运而生。这是一种"内外结合"的表述方式，能够将学生内部心理变化和能够反映学生内部心理变化的外显行为方式有机结合起来，一般用于陈述那些难以行为化的情感、能力方面的目标。

内部过程和外显行为相结合表述法采用"总分结合"策略，分两个具体的步骤进行。先用描述内部过程的术语来"总的"表述一般性学习目标（内部心理过程），如理解、运用、分析、创造、欣赏、尊重等内在的心理变化，然后"分别"列举反映这些内在变化的具体行为表现，使内在心理变化可以观察和测量。

表 4-2 是内部过程和外显行为相结合表述的案例，其中，"学生能够树立可持续发展的观点"属于一般性学习目标，描述的是学生的内部心理过程，"能说出可持续发展的含义、能运用所学的知识阐述环境破坏带来的危害、对涉及可持续发展的正反两方面的材料或者案例能够做出批判和评述"则是为了使内部心理过程具体化而描述的外显行为。

表 4-2　内部过程和外显行为相结合的目标表述

目　标	举　例
内部心理过程	学生能够树立可持续发展的观点
外显行为表现	能说出可持续发展的含义
	能运用所学的知识阐述环境破坏带来的危害
	对涉及可持续发展的正反两方面的材料或者案例能够做出批判和评述

上述案例中，对"树立可持续发展"的知识、情感、态度领域的目标等采取了内外结合、总分结合的表述策略，其中包含学生的体验和判断，可较为直观地展现出学生"情感态度价值观"转化的过程和趋势。在强调学生内

部心理变化的同时，还列举一些能够反映上述心理变化的行为动词或者活动方式，这样做可以有效避免语义含混、标准不清、操作不便、检测不力等弊端，有助于下一步学习目标导学功能的充分发挥。

3. 学习目标层次及其动词列表

教师在进行学习目标设计时，常因为不知如何选用合适的行为动词而感到困扰。行为动词选择不当，既会影响学习活动的设置，也会影响学生对学习行为的理解和操作。结合布鲁姆教育目标分类及各学科核心素养的要求，整理了学习目标层次及动词列表（表4-3），可供教师在设计学习目标时参考。

表4-3 学习目标层次及动词列表

目标类别	水平	水平描述	动词举例
认知目标	记忆	能说出知识的要点或事物的基本特征，并能在有关的问题中识别它们	引用、定义、描述、列举、查找、识别、列清单、给……加标签（称……为）、找到、匹配、命名、背诵、认出、记录、复述、详细说明、陈述、列表
	理解	能阐述知识的内涵，把握其内在逻辑关系，能解释简单现象或进行简单计算	澄清、确认、辩护、讨论、区别、复制、举例说明、解释、表达、延伸、说明、推断、阐释、释义、预测、重申、重写、选择、翻译
	应用	能将知识运用在新情境中，与已知知识建立联系，分析有关现象或提出解决问题的途径和方法	运用理论模型分析、计算、实行、选择、估算、推导、估计、展出、试验、说明、实施、制定、示范、修改、操作、表演、安排日程、解决
	分析	能将内容拆分为不同的组成部分，确定各部分之间的关系，以及各部分及总体之间的关系	归因于、把……分类、把……归类、比较、联系、对比、决定、解构、确定、绘图、区别、辨别、分解、检查、归纳、假设、把……编目、整理、组织、概述、探究、提问、选择、总结
	评估	能基于标准或准则作出判断	估量、辩论、主张、评价、核对、得出结论、说服、批判、推断、为……辩护、评估、假设、判断、给……评级、给……评分、推荐、修改、筛选、仔细检查、支持、估计……的分量、论证

续表

目标类别	水平	水平描述	动词举例
认知目标	创造	能将某些要素或知识重组为不明显存在的模型或结构，从而生成一个新产品	实现、聚集、组合、创作、编造、策划、构建、谋划、创建、设计、开发、设计、发明、构想、生成、结合、整合、发明、制定、修改、计划、生产、提议、重组、替代、转变
技能目标	模仿	能参照说明书或教师示范进行练习或基本操作	按照、根据、练习、尝试
技能目标	独立操作	能独立进行目的明确的操作，能与已有技能建立联系	测量、选用、测定、绘制、制作、查阅、收集、计算、使用、根据……估测、用……测量
情感目标	参与	经历某个学习过程	观察、体验、感知、体会、探究、检索
情感目标	反应	在经历的基础上表达态度情感价值观	关心、关注、注意、善于、有……意识
情感目标	内化	经过一个阶段学习过程后，对某些科学观念的领悟	形成、养成、树立、建立、具有

有些动词出现在多个学习目标水平中，这是因为这些动词具有多重含义，同时也体现出不同水平学习目标之间并非割裂的，而是相互联系、彼此交织在一起的，而不同学习目标所反映的思维过程在本质上也是相互关联的。

四、学生参与学习目标设计

1.教师提供学习目标供学生选择

学习目标是教与学的出发点和归宿。一般情况下，教师根据教学标准、考试标准、教材、教学进度等设计学习目标，而学生只是被动接收教师所提供的学习目标，导致被动学习成为常态。也有教师在学习目标设计时考虑到学生学情，但是既不能以较高水平为准，也不能以较低水平为准，一定会照顾大多数，取中间水平。这样一来，就会导致所设计的学习目标对有的学生来说太浅了，对有的学生来说又太难了。

如何让学习目标适配每个学生的学情呢？一种有效的方案是教师提供学习目标群，学生选择自己想要达成的学习目标。以化学课"氧化还原反应"概念的教学目标为例，教师可设计如下四个目标：

（1）阅读材料，说出氧化还原反应的概念。

（2）能通过对比氧化还原反应要素，判断一个反应是否是氧化还原反应。

（3）观察生活实际，能列举至少3个生活中氧化还原反应的案例。

（4）能结合案例，解释氧化还原反应的实质。

四个目标构成了学习目标群。以往都是教师提供学习目标后，全体学生都基于此学习目标而学习，但现在教师在课程正式开始之前，先让学生选择自己希望通过这节课的学习达成的目标水平。

有学生选择全部学习目标，有学生选择（1）+（2）+（3），有学生选择（1）+（2），甚至有学生只选择了（1）。不管学生作出什么样的选择都没有关系，因为只要学生做了选择，他通常会为自己的选择负责，继而他就启动了学习进程，而依照"行动兴奋"理论，一旦学习进程被启动，学生就能提高继续主动学习的动机。

有教师会疑惑，如果有学生只选了1~2个学习目标，那就会完成不了教学任务。其实，换个思路来看，如果学生目前的学习能力只能达成1~2个学习目标，那给他更多的学习目标往往成为压力而不是动力。可是如果学生选择了适配自己的、踮踮脚能达成的学习目标，他就更愿意主动为自己的学习负责。而且，一旦学生达成了这1~2个学习目标，就会获得学习效能感和胜任感，只要有余力，他就愿意继续为其他学习目标而努力，这也符合

"登门槛效应"[1]。

2. 引导学生审视所选择目标的达成情况

那是不是只要让学生选择了学习目标就够了呢？当然也不行。教师要在课程进程中引导学生审视自己的目标达成情况。一是让那些达成自己预先选择学习目标的学生意识到自己的"成功"，同时激发他们继续向下一个目标迈进的信心；二是让那些暂时没有达成自己预先选择学习目标的学生查找原因，同时为他们提供学习支持，帮助学生达成目标。

教师可设计《学习目标选择与达成核验表》（表4-4），每位学生都根据自己具体的选择和达成情况在相应的位置打勾或描述，课后提交给教师。显然这也是教师掌握学生学情的方式，既能了解学生的学习进度，也能了解学生的学习胜任感和对自己的学习要求，还能了解学生对学习内容的接受程度。

表4-4 学习目标选择与达成核验表

学习目标	我这节课想达成的学习目标	我这节课实际达成的学习目标
学习目标1		
学习目标2		
学习目标3		
学习目标4		
我达成/或未达成的原因		

面对低年级学生，可给出"我达成/未达成的原因"选项，供学生选择，具体例子如下。

---

[1] 登门槛效应是指一般情况下，人们都不愿接受较高较难的要求，因为它费时费力又难以成功，相反，人们却乐于接受较小的、较易完成的要求，在实现了较小的要求后，人们才慢慢地接受较大的要求。

达成目标的原因：我认真听课了；我积极参加课堂学习活动；我认真检查了我的回答；我找到了犯错误的原因；我查阅了教科书上的例子……

未达成目标的原因：我听不懂课；我受到了干扰；太难了，我读不懂测试题；教师没理会我的问题；我回答得太快，没有检查细节……

表 4-5 和表 4-6 分别是学生 A 和学生 B 所填写的《学习目标选择与达成核验表》。学生 A 超越了自己预先选择的学习目标，心情愉悦，提高了学习动机。教师在与学生 A 沟通的过程中可强调学生"掌握了自己以为达不到的学习目标"，帮助学生体会学习的成就感和胜任力，同时，教师可帮助学生复盘达成学习目标所采取的学习方法，以便迁移到其他内容或课程的学习中。学生 B 未达成预先选择的学习目标，他发现自己混淆了相关术语，这些信息既有助于学生对自己的学习情况进行元认知监控[①]，也有助于教师反思自己在教学过程中是否忽略了相关术语的辨析，同时也帮助教师关注如何帮助该学生辨析相关术语、达成该目标。

表 4-5 学生 A 的《学习目标选择与达成核验表》

学习目标	我这节课想达成的学习目标	我这节课实际达成的学习目标
阅读材料，说出氧化还原反应的概念。	√	√
能通过对比氧化还原反应要素，判断一个反应是否是氧化还原反应。	√	√
观察生活实际，能列举至少 3 个生活中氧化还原反应的案例。	√	√

---

① 元认知监控是指个体在进行认知活动的全过程中，将自己正在进行的意识活动作为意识对象，不断对其进行积极的监视、控制和调节。在认知活动开始前，它决定认知目标，制订计划，挑选策略，想象各种解决问题的办法，并预测其有效性；在认知过程中，它根据认知目标及时评价认知活动，找出认知偏差，及时调整策略或修正目标；在认知活动结束时，它评价认知结果，若发现问题，则采取相应的补救措施，及时调整认知策略。

续表

学习目标	我这节课想达成的学习目标	我这节课实际达成的学习目标
能结合案例，解释氧化还原反应的实质。		√
我达成/或未达成的原因	这节课的内容比我想象的要简单，还挺高兴的，期待下节课。	

表 4-6　学生 B 的《学习目标选择与达成核验表》

学习目标	我这节课想达成的学习目标	我这节课实际达成的学习目标
阅读材料，说出氧化还原反应的概念。	√	√
能通过对比氧化还原反应要素，判断一个反应是否是氧化还原反应。	√	√
观察生活实际，能列举至少 3 个生活中氧化还原反应的案例。		
能结合案例，解释氧化还原反应的实质。	√	
我达成/或未达成的原因	感觉自己明白了，但是表述不清楚，混淆了相关术语。	

表 4-7 呈现了某班学生填写《学习目标选择与达成核验表》的统计情况。根据统计表可看出，前两个学习目标全班同学都达成了，第三个学习目标有 17% 的学生超越了最初的期待，但是仍有 10% 学生暂时没有达成，第四个学习目标有 30% 的学生暂时未达成，且其中有一部分是以为自己可达成但是并未达成的。这反映了两个状况：第一，学生对生活中的化学有畏难情绪，以为自己无法把枯燥的化学与日常生活联系起来，但实际上他们比自己想象的做得要好。教师在日常教学中应多加强知识与生活经验的联结。第二，关于目标"能结合案例，解释氧化还原反应的实质"，教师需反思自己的授课方式是否有教学漏洞，同时可组织同伴互教等活动帮助学生达成目标。

表 4-7　某班《学习目标选择与达成核验表》统计

学习目标	我这节课想达成的学习目标	我这节课实际达成的学习目标
阅读材料，说出氧化还原反应的概念。	100%	100%
能通过对比氧化还原反应要素，判断一个反应是否是氧化还原反应。	95%	100%
观察生活实际，能列举至少3个生活中氧化还原反应的案例。	73%	90%
能结合案例，解释氧化还原反应的实质。	80%	70%

有教师认为《学习目标选择与达成核验表》的发放和统计是一个大困难，似乎不好实施。针对这一问题，教师可以使用问卷星等在线工具实现快速发放、回收和统计，让信息化工具为自己的教学服务。

也有教师提出质疑，如果学生不据实填写《学习目标选择与达成核验表》，明明没有达成某目标却说自己达成了，或者学生以为自己达成了某目标实际上却并未达成，那填写这个表还有意义吗？的确，让学生选择学习目标、判断学习目标的达成度存在着以上可能的风险，但这也仅仅是教师判断学生学情和学生学习效果的来源之一，不能因为它可能有错误就完全不采纳。更重要的是，学生能在练习"选择学习目标、判断学习目标达成度"的过程中提升自我学习监控水平。不给学生独自选择和判断的机会，学生就很容易一直处在被动学习的状态，不利于激发学生的学习动机，也不利于培养其自主学习能力。

五、学生自主设置学习目标

"这学期，要学会……""下次考试，要考到90分以上！"你是否对学生说过类似的话？给学生设定目标，这是教师常做的事情，也是教师常犯的错误。

想一想，以下的几个问题：
- 我希望自己的未来是什么样？
- 为了实现未来的长期目标，我该怎么制定几年后的中期目标？
- 为了实现中期目标，下个月我该做些什么？
- 为了实现下个月的目标，这周我该做些什么？

像上面这样，从长期目标开始逆向设计，制定中期目标、短期目标、当下目标的方法，很多教师都不一定做得好，就更不用说学生了。

教师习惯采取简单粗暴的"告知目标"的方式："为了你好，你要做到……"可是，人有一个最基本的欲望，那就是"自己的事情，要自己做主"。这是自主动机的需求，且欲望非常强烈。教师总是习惯让学生按照他制订好的计划去学习，却没考虑通常别人替自己制定目标时，自己也是麻木的、不悦的，缺乏动力的。

教师给的学习目标是外来目标，学生不会产生"主人翁"意识。听话的学生，当作任务来完成，有主见的学生，甚至还会表现得很叛逆。所以要让学生自主设置学习目标。

1. 教师应给学生信息而非目标

很多学生不知如何为自己设置学习目标，教师通常责备说是因为学生懒，或者学生不喜欢学习，却鲜有教师真正站在学生的视角来理解他们的困难。其实，大部分不自行设置学习目标的学生是因为他们没有目标意识，或者缺乏设置学习目标的经验。

一个对目标没有概念的人，一个对目标设置没有经验的人，一个对目标缺乏相关信息的人，是没有办法自主设置目标的。就比如，小时候大家的梦想常常是厨师、司机、科学家，是因为那时候我们只知道这几个职业而已。所以，给学生提供信息，是帮助他们找到学习的理由、激发学习动机的重要手段。

有教师建议学生趁假期体验不同的交通工具——乡间中巴车、绿皮火车、高铁、飞机，体验不同的交通工具，观察同乘人，设想自己未来的出行方式，以及未来自己如何帮助别人选择更便捷、安全的出行方式，并以此作为激励学生学习和设置具体学习目标的契机。有教师搜索与学历、专业和收入相关的专业调查报告，供学生阅读。有教师鼓励学生自行浏览招聘网站或参加招聘会，让学生了解不同用人单位或岗位对人才的需求，并由此反思自己的学习目标。有教师采访电子游戏国家级选手，了解成为电竞选手所需的能力，让学生看到其中的差距，以及自己可调整的目标方向。有教师组织学生去不同的大学参观，或者整理不同大学的相关资料，让学生了解不同大学的样态及招生标准。

有人说"视野比知识更重要"，大概就是说视野提供信息，而信息才让人知道如何选择——选择学什么知识、选择如何学知识。对学生而言，了解的信息越多，越能知道如何为自己设置学习目标，同时还能激发学习动机。

2. 教学生自主设置目标

通常情况下，每学期初，学生都会为自己设置学习目标，但是他们常常会犯两个错误。第一，他们常把"好好学习"当作新学期的学习目标，这个目标听起来还不错，但是很难量化，很难判断怎样就算"好好学习"，怎样就不算。第二，他们经常把学习目标等同于学习活动，比如，学生经常会立志"这学期我每天都要学一个小时英语"。显然这是学生设定的每天的学习活动，而非学习目标。

学习目标应该如何设置呢？先来看一个案例。

> 这学期，我将达到以下目标：
> - 用英语点一次餐。
> - 略读英语报纸，至少看懂一个标题。
> - 看懂一集英语动画片大致剧情。

- 阅读一本幼儿园水平的英语书。
- 能和英国人进行一次简单的日常交流。

总结一下，这五个目标设计的原则是：

第一，每个目标都是具体的、可测量的。

第二，每个目标都伴随着一个具体的应用情境，使目标更有实用性。

第三，目标有层级，难度逐渐上升，就像打游戏一样，每完成一个目标就升一次级。

教师要指导学生参照以上三条原则自行设置学习目标。当学生会为自己设置目标的时候，他一般也更愿意为自己的学习负责。他们会主动寻求学习资源、寻求学习支持，比如与同学探讨学习方法，向教师提问等。

除了这种与具体应用情境相关的具体目标之外，学生也可以自行设置与学习成绩相关的学习目标。学习目标的制定要遵循 SMART 原则。

- S（specific，具体的）：学习目标要详细、具体、可量化。如果将学习目标定位为"提高英语成绩"，那这就是一个模糊的目标，可参照 specific 原则修改为"这学期期末英语成绩达到 80 分"。

- M（measurable，可衡量的）：学习目标是可衡量的，可以用一组明确的数据作为衡量目标是否达成的依据。目标分数为 80 分，高于 80 分是达成学习目标，低于 80 分是没有达成学习目标。

- A（attainable，能够达到的）：制定可实现的学习目标，避免设立过高或过低的目标，过高的目标无法达到，过低的目标没有挑战性。80 分对于之前考 60 分的学生来说，还比较现实，但是对于之前只是考 10~20 分的学生来说，挑战度太大，学生容易放弃。

- R（relevant，相关的）：学生要保证自己选择的学习活动或阶段性目标均在为自己设置的学习目标而服务。如学生设置的学习目标是"这学期期末英语成绩达到 80 分"，那他如果制定"周末读完 XX 小说"的目标就不会有助于自己学习目标的达成。要满足"relevant"原则，在选择学习活动或阶段性目标时，学生必须主动问自己，"这件事情是能促进我所设置的目标的达成,还是阻碍?"

- T(time-bound,有时限的):确定时间限制,有助于逆推确定学习活动和分段学习目标。如"本学期末"是目标达成的截止期限,但鼓励学生设置时间更具体的目标,比如"期中考试我要提高到70分,期末考试再提高10分,其中,英语听力我要拿到满分"。这样的话,学习目标就不仅有了时效性,也更加清晰、具体、可测量,同时还能指引学生的学习行为。

总之,教师不仅要会为学生设置学习目标,还要教学生自主设置学习目标,同时,教师要在必要的时候为学生提供学习支持,帮助学生达成学习目标。

六、关于学习目标水平的两个模型

1. 布鲁姆认知目标层次模型

布鲁姆将认知学习目标分为六个层次(图4-2)。

图4-2 布鲁姆认知目标层次

一是记忆,是对知识的回忆和认知。二是理解,理解所获得的知识。比如,学生能背诵一首古诗只是达到了记忆层次,但如果他能够说出古诗的含义,那就到达了理解层次。三是应用,是将对某知识的理解应用于一个新的场景。比如,学生理解古诗之后,能够去回答与这首古诗相关的问题,或能用古诗中的句子描述某处风景或某种情绪。四是分析，是能够对知识进行分析，以显示其中的关系、动机、原因、联系等。比如学生能够分析出不同古诗在描写风格、韵律、情感上的异同。五是评价，指能对一个事物或一系列事物进行评估、判断。比如判断一首古诗是否是李白的作品。这需要学生熟知诗人李白的作品风格。六是创造。创造新事物或者对已存在的事物进行改造。比如给定题目，参照所学古诗，尝试写一首同韵律的古诗。

如图 4-2 所示，记忆、理解、应用属于初级认知水平，分析、评价、创造属于高级认知水平。教师可参照此模型来审视所设置的学习目标的水平，看是否满足课程标准、考试大纲等的最低水平。教师还可依照此模型绘制《知识核验表》（表 4-8），以便学生审视学习成长及学习目标达成情况。

表 4-8　知识核验表

目标水平 知识点	记忆	理解	应用	分析	评价	创造
知识点 1						
知识点 2						
知识点 3						
……						

在开始学习之初，让学生在对应知识点的水平上用有色笔打对勾，随着学习进程的推进，学生再继续用不同颜色的笔打对勾，最后再与学习目标相对比。一是可以看到自己的进步水平，二是可以看到自己与学习目标之间的差距，继而进行查漏补缺。不过，这样使用《知识核验表》的前提是学生能够理解布鲁姆目标层次，所以教师需要先教学生理解布鲁姆目标层次。有教师质疑说学生可能自评失误，其实这只是评价的一种参考，学生自评失误本身也是教师收集到的学情。

2. SOLO 分类模型

SOLO（Structure of Observed Learning Outcome，即观察到的学习结果的

结构）分类模型强调习得与运用知识。该分类模型把知识习得与建构分成了五个层次，从第一层到第五层是一个由浅入深再抽象的过程。

一是前结构。对某一事物一无所知，或者完全搞错了，不能以适当方法解决问题。比如不知道"教学设计"是什么。二是单点结构。只了解该事物的一个方面，通常是最浅的一面，比如该事物的名字、功能和基本操作。比如对于"教学设计"，知道它的作用是用来设计教学，也知道是每个教师都应具备的素养。三是多点结构。了解了某一事物内部多方面的知识，但是并没有把这些知识统合起来。比如知道"教学设计"所包含的范围，知道要设计教学目标，要构建教学内容，要设计教学活动，但是并不清楚具体如何设计。四是关联结构。基于对事物各方面的了解，在更深的层面上把它作为一个整体来理解。比如，能完整说出教学设计的全部流程，并解释各个环节之间是如何相互配合、互为支持的。五是拓展抽象结构。在上一个阶段的基础上，形成一个抽象的新认识，可能与一个更大的背景相关联。比如基于对教学设计的理解，提出对某一教学设计理念进行改进的想法，或者将教学设计思想迁移到家庭教育等其他领域的想法。

了解了 SOLO 分类模型之后，教师可思考：

- 我课程上的学习目标通常在哪个水平？
- 学生一般能达到哪个水平的学习目标？
- 我应该在哪个水平上多加改进？
- 我如何以 SOLO 模型指导我的教学？

七、教师应审视学习目标的达成率

教师常用学习目标来促进学生学习、衡量学生学习水平，却很少用学习目标来审视自己的教学水平。我们来看以下三个目标：

- 60% 的学生能够通过对比氧化还原反应要素来判断一个反应是否是氧化还原反应。

- 80%的学生能够通过对比氧化还原反应要素来判断一个反应是否是氧化还原反应。
- 每个学生都能够通过对比氧化还原反应要素来判断一个反应是否是氧化还原反应。

这三个目标体现了同一学习目标的不同达成率，涉及教师对自身教学效果的要求。教师常常仅写出给学生看的学习目标——学生能够通过对比氧化还原反应要素来判断一个反应是否是氧化还原反应。从学生视角审视这个学习目标没有问题，但是如果从教师视角审视这个学习目标就会发现这种模糊的写法并没有对教师自身的教学效果提出要求。

回归教学现场，审视学习目标达成率。教师给学生提供了学习目标，是否就代表学生一定能达成该学习目标呢？教师为每个学生达成学习目标做了怎样的努力呢？教师能够及时识别出哪些学生暂时未达成学习目标吗？对暂时未达成学习目标的学生，教师又采取了怎样的教学行动呢？如果不回答以上问题，学习目标就仅仅是教师要求学生的一杆"秤"，却没有用学习目标来指导自己的教学。这导致教师常常把教学任务简单地理解为将教学内容有序、合理地呈现在课堂上，而不是将学习目标具体落实到每个学生身上。

有教师上课时常常多次提问学习优势生（能够正确回答学生问题的学生），究其原因，他们多数说是为了节约发言时间，担心提问学习困难生会耽误课堂时间，导致无法完成正常的教学任务。这种提问偏好显示了教师的观点——"完整、顺利地讲完了教学内容，就等于完成了教学任务"。这显然大错特错！真正的教学任务，应该定位在让所有学生都达成学习目标的层面。重复提问学习优势生，至少可以表明教师教学存在五个问题：一是教师对学习目标达成率不关注；二是教师没有尊重每一位学生的学习权；三是教师不敢直面学生之间的差异；四是有效的合作学习没有发生；五是学生学习差异化带来的资源没有得到合理的应用。

有教师上课时发现有学生始终没有进入学习状态，或有学生无法跟上课程进度，但是他们也没有进行任何的教学调整，这是为什么？因为教师只是想通过大部分学生的配合完成这堂课的教学内容,他头脑中没有为这一位学生的学习负责的意识。那下节课,教师会关注这位学生吗?假如一周、两周都这样下去,那这位学生的学习成绩会变成什么样呢?学生成绩不好往往是由系统原因导致的,而教师本身也是这个系统中的一分子。所以,不要总责备学生不好好学习,教师也要看看自己是否在好好教,自己是否在为每一位学生达成学习目标而提供相应的学习支持。

总之,只要还有一位学生没有达成学习目标,教师都不能默认自己已经完成了教学任务。若能够带着这样的理念走进课堂,教师就能够主动关注学生之间的互动,能够借助生生互动,发动学生教学生,从而让更多的学生能够达成学习目标。

第五章

学习内容设计：共创学与教的载体

一、学习内容设计常见误区

1. 学习内容照搬教材

现行的各版本教材一般都按照课程标准编写，一方面减轻了教师的负担，教师只要按照教材设计的路径进行教学，就能基本实现预期的课程目标；另一方面，教材也俨然成了课程标准的代言人，理所当然地成了教师教学、学生学习的"指定参考书"。很多教师也因此习惯了照搬教材进行教学，至于教材内容本身是否详略得当、教材内容是否符合学生的学习水平或学习状态、教材所体现的思路和示例是否符合学生生活经验或民族文化等方面都不予考虑。可事实上，教学不是"照教材教"，而是"用教材教"，教材只是学习内容的载体之一。

2. 学习内容选择偏差

学习内容选择偏差是指虽然教师意识到学习内容不可照搬教材，但对学习内容的选择多是基于自己的学习经验和生活经验，或者基于考试的需求，很少考虑学生学习的进度、学生对学习内容的了解程度、学习中产生的疑惑、学习内容对学习目标达成的支持度等。选择未关照学生的学习内容往往无法有效促进学生的学习。

3. 学习内容过于枯燥

学习内容的枯燥性主要体现在两个方面。第一，学习内容本身抽象，包含大量理论、公式、概念，脱离学生生活经验，学生常感觉枯燥、难懂，而教师未对其进行改良或加工；第二，学习内容呈现形式单一，以文字为主，学生常感觉读不下去、理解不了，而教师未提供辅助，也未设置学习活动提高学生对学习内容的接纳度。

4. 低估学习内容难度

教师熟知学习内容，并不意味着他能轻易地将这些学习内容教给还处于学习起点的学生。教师常常会陷入"知识的诅咒"，他对学习内容的熟悉度往往会成为学生学习的障碍：教师对学习内容了解越多，就越难以从学生的立场上去看待学习内容，就越容易低估学习内容的难度。这说明，教师与学生之间存在着认知共情缺口，对教师而言，简单、易理解、易运用的学习内容有可能是学生面对的难以跨越的理解鸿沟。

5. 学习内容组织不当

有教师在教学中太在意学习内容是否学完、讲完，有教师太在意按照学习内容既有的顺序结构来组织学习，有教师未了解学习内容的重难点而平均分配学习时间，有教师把所有的学习内容都讲了而没给学生学习、反思学习内容的机会……总之，很多教师过于按照学习内容组织教学，而很少关照学生的学情，也很少关照学生的学习认知进程，更少关照学习内容的真正价值。

二、以学习的进度组织学习内容

关于学习内容，很多教师焦虑的是课时短、内容多，所以在课堂教学时，为了抢教学进度而快速进行教学。实际上，这存在着对"教学进度"的误解。要理解"教学进度"，教师首先要回答一个问题：教学进度，到底是教师教的进度，还是学生学的进度？

很显然，教学进度体现的是学生学的进度。如果教师只是按照时间规划顺利把内容讲完，那不代表学生也已经按照时间规划顺利把内容学完。实际上，这也解释了为何明明学期初学生大都能听懂课程，但是随着时间推进，越来越多的学生听不懂了，甚至有部分学生直接放弃。因为教师仅仅是参照教的进度组织学习内容，而非参照学生学的进度组织学习内容。

参照学生学的进度组织学习内容，需要教师了解学生的学情，知道学生掌握了哪些知识、达成了哪些学习目标，还存在哪些困难，还需要哪些知识，是否需要提供一些额外的内容信息等。教师不仅需要了解班级共性学情，更需要关注个体学情，同时通过学生互教、小组互教、班级答疑等方式来促进学习目标的达成。

有教师担心如果参照学生学的进度组织学习内容，那就不能在规定课时内教完所有的内容。但教师有没有思考过一个问题：如果教完了所有的学习内容，但是学生没有学会的话，那"教"的意义何在？很多教师用了大量的时间组织复习、考试，开展讲评课，却不愿意在教授新知识时多花时间帮助学生把基础打牢。另外，教师是否应该引导学生学会自学的方法，而不仅仅是让学生在课堂上学知识？学习内容是教学生"学会学习"的载体，"学会学习"本身也是学习目标之一，而检验此学习目标的标准之一就是看学生是否能够在课外自主学习、自主学会某部分学习内容。

有教师担心教学督导会按照既定的教学规划监督教学落实情况，所以不得不按照教学规划来组织教学。这的确是现实中存在的困难，但问题是如果只考虑学校规定、督导监督，那是不是就忽略了学生的感受？当教师认为自己必须遵循学校规定时，为的是自己的利益，还是学生的利益？

再者，教师只有遵循或违背教学规划这两条相反的路可选吗？有没有第三选择？是否可以整理班级学生学情，主动跟督导、跟学校教学规划方沟通？是否可以提供适合自己班级学情的教学方案来作为优化方案？是否有信心参照学生学的进度组织学习内容的教学，学生的学习效果会更好、学习目标达成率会更高？通常，如果在没有任何准备的情况下与教学督导进行沟通往往会被反对，所以，教师至少要准备以上这些相关材料，才能在教学督导问及为何未按规划组织教学时，获得其理解。

三、用可视化的方式呈现学习内容

学习内容的呈现方式影响着学生对学习内容的感知，进而影响着学生的学习兴趣。直观、形象、鲜活、可视化的学习内容可提高学习效果。

1. 文字可视化

教师通常会制作 PPT 呈现学习内容，有时还会打印学习内容分发给学生，其中，学习内容的清晰性、可读性很重要。有学者进行了相关研究，给参与者分配两份任务列表，两份任务列表内容一样，唯一的不同只是字体上的区别（如图 5–1 所示）。参与者被要求对将要执行的任务进行难易度估计。被评估为容易执行的任务往往是字体容易阅读的任务，字体难以阅读的任务被参与者评估为较难执行。[①] 这给教师的启发是要注意文字可视化，提高文字排版的可读性，注意字体、大小、行间距、段落分明等事项。

Lie on your back with knees bent and feet resting on a flat surface. Cross arms over your chest or clasp them behind your head. Tuck your chin against your chest. Tighten your abdominal muscles and curl up.	*Lie on your back with knees bent and feet resting on a flat surface.* *Cross arms over your chest or clasp them behind your head.* *Tuck your chin against your chest.* *Tighten your abdominal muscles and curl up.*

图 5–1　两份仅字体有区别的任务列表

2. 场景可视化

场景可视化是指教师借助一定的场景将学习内容进行还原或类比，帮助学生理解学习内容。场景一般由图像、图形、照片、视频等构成。

百词斩（图 5–2）、扇贝等单词记忆软件，采用呈现图像的方式为单词学习呈现场景，便于学生记忆。有教师通过简化的模拟图（图 5–3）帮助学生理解自然界的水循环。[②]

---

① [美] Julie Dirksen. 认知设计：提升学习体验的艺术（第2版）[M]. 赵雨儿，简驾，译. 北京：机械工业出版社，2016：25.

② 引自微信公众号“匠心地理”。

图 5-2 百词斩截图

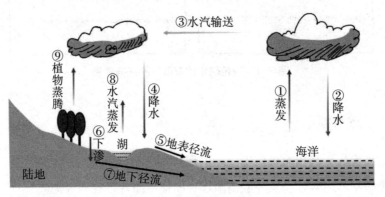

图 5-3 自然界的水循环

有教师在讲解"原始社会解体"这一内容时,为增强学生的真实学习体验,选用了两张原始社会模拟图。一图为一个人在采摘食物,周围是密林和河流;另一图为多人场景,有女人采摘、男人放牧等场景,周围有农田、河流,有猪狗牛等家畜,并提问:

- 比较这两幅原始社会模拟图,说一说有什么样的变化?

- 这种变化给人的生存和繁衍带来什么样的短期和长期变化？①

两张原始社会模拟图为学生思考"原始社会解体"的逻辑及生产力发展的变化提供了载体，在丰富学习内容的同时，使学生更能真实体验、理解学习内容。

在数学课上，教师通过画线段图的方式让学生能更快地理解题干，学会计算（图5-4）。原题干是：小明有2本书，小红的书是小明的3倍，还多1本，请问小红有多少本书？学生理解起来有些困难，但线段图能让学生一目了然，迅速理解题干。

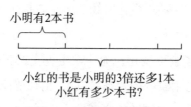

图5-4　画线段图解数学题

还是在数学课上，要解一道数学题：明明有4种文具，蓝蓝有3种文具，他俩可能一共有几种文具呢？老师用维恩图的形式（图5-5）呈现，学生很快就理解了这道题的思考方式和相应的答案。可视化的呈现促进了学生的理解。

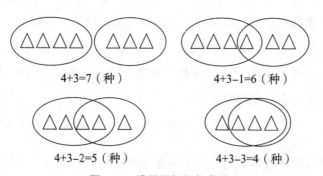

图5-5　维恩图解析数学题

---

① 胡小平.核心素养导向的视觉情境构建——以必修1《中国特色社会主义》为例[J].思想政治课教学，2021（11）.

有教师提出问题：在利用场景可视化给学生呈现学习内容时，是先呈现场景，还是先呈现文字内容呢？答案是：先场景，再文字内容。有学者进行了一项实验研究，把学生分为三个组。第一组：先提供一张洗衣服的照片，然后读一段文字。第二组：读文字之前或之后都没有提供洗衣服的照片。第三组：在读完文字后提供了一张洗衣服的照片。

不出所料，能够理解文字含义并记住大部分内容的是第一组，也就是先明白文字所描述对象后进行阅读的组，他们最能够理解和保留相关信息，因为提前看了关于洗衣服的照片，使他们能够进行有效的信息解析。[①]

这个实验说明，先提供可视化的场景信息再提供文字内容，更有利于学生的学习。

有教师反向利用场景可视化，他让学生提交两张图片（自己拍的照片、网络下载的图片、自己手绘的图片都可以），图片要能反映所要学习的内容。这是把设计场景可视化的责任转移给学生，让学生为自己的学习负责。很显然，这种来源于学生自身观察的真实素材，既丰富了课堂内容，也使得学生真实、真心参与，促进了学生素养的形成。

3. 关系可视化

阅读学习内容时，学生喜欢用画线法把关键词、语句标注出来。但是等到学生第二次阅读学习内容时就发现到处都是关键词，到处都是重点，而对学习内容的核心理解还是模模糊糊。究其原因，阅读画线仅仅是线性思考，而学习内容中所蕴含的观点往往是网状联系的，呈现的是各种各样的关系。解决这个难题的方法就是关系可视化。

到底什么是关系可视化呢？先来看一个案例。请阅读下面这两段文字。

因为学习科学表明，语言文字是碎片式的，不擅长表达复杂关系和整体结构。语言文字是串行序列，随着时间序列的展开，内容逐步呈

---

① [美] Julie Dirksen. 认知设计：提升学习体验的艺术（第2版）[M]. 赵雨儿, 简驾, 译. 北京：机械工业出版社, 2016：75.

现。那学习时，对学习内容之间关系的建构依赖于语义记忆或者回看，关键的核心概念和要素不突出，需要学生对其进行自行提炼。当然核心概念和要素之间的关系也相对隐晦，藏在语法结构中，也需要学生进行自行建构。

但可视化图表不同，因为大脑的视觉优先将事物识别为整体，且可视化图表擅长突出整体结构。可视化图表是空间序列，只显示关键的核心概念或要素，它们处于同一空间的不同位置。学习时，对核心概念或要素之间关系的建构主要通过视觉定位，且用形状进行显性表达。

上面这两段话，读完你记住了什么？是不是仍不明白，感觉稀里糊涂的？再来看看下面这张表格（表5-1）。[①]

表5-1 语言文字与可视化图表对比

项　目	语言文字	可视化图表
表达特征	碎片式	整体结构
内容排列方式	时间序列	空间序列
关键概念和元素	不突出	突出显示
概念和元素之间关系	隐晦表达	显性表达
概念和元素关系建构方式	语义记忆/回看	视觉定位

比起前面的两段文字，感受到表格的效用了吧？这是关系可视化的一种方式。当把学习内容转化为表格，就会便于学生理解和掌握。值得一提的是，可视化图表是简版的学习内容，在学习时，要么配合语言表述，要么作为自学框架让学生自学，而不能单独呈现。

有教师在指导学生阅读《西游记》时，引导学生梳理了孙悟空与唐僧的三次矛盾、三次出走原因以及孙悟空的心理变化（表5-2）。通过比较，学

[①] 改编自王珏.新领域、新方向："知识可视化"的解析与应用——基于脑科学的视角[J].广西职业技术学院学报，2021（14）：49-56.

生就能发现孙悟空的改变，由之前的主动离开，到唐僧驱逐才离开，再到后来走了又回，这也彰显了孙悟空从做事鲁莽、比较自我的"妖猴"，向心性沉稳的"斗战胜佛"的转变。由事实到心理的比较，帮助学生读懂作者，也读懂孙悟空。①

表 5-2　孙悟空三次出走原因及心理

	离开原因	到了何处	如何归来	走时状态	心理表现
第一次	主动离开	东海龙宫	龙王劝说	说走就走	理直气壮、不服气
第二次	唐僧赶走	回花果山	八戒义激	再三乞求	知恩图报、不忍离去
第三次	唐僧赶走	南海观音	菩萨送回	走了又回	想修正果、目标坚定

除了图表之外，折线图、鱼骨图、链条图、概念图等都是关系可视化的有效工具。有教师用鱼骨图整理了杜甫的诗意人生（图 5-6），以便学生深刻理解杜甫的人生经历及其代表作的内涵。

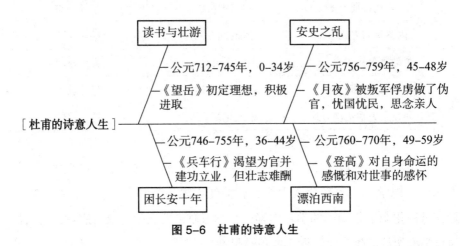

图 5-6　杜甫的诗意人生

有教师手绘包含案例的食物链（图 5-7），让学生理解不同生物种类在生态系统中所扮演的不同角色，以及在生态系统内，各种生物之间由于食物而形成的联系。

---

① 冯霞. 在有层次的活动中推进名著阅读 [J]. 语文建设，2019（19）：29-30.

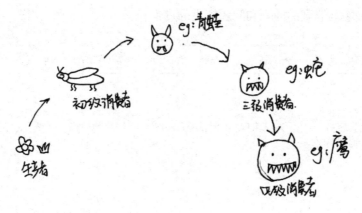

图 5-7　食物链

有教师绘制"实数的分类"括号图（图 5-8），让学生理清各种数概念之间的关系。

$$\text{实数}\begin{cases}\text{有理数}\begin{cases}\text{整数}\begin{cases}\text{正整数零}\\\text{负整数}\end{cases}\text{自然数}\\\text{分数}\begin{cases}\text{正分数}\\\text{负分数}\end{cases}\text{有限小数或无限循环小数}\end{cases}\\\text{无理数}\begin{cases}\text{正无理数}\\\text{负无理数}\end{cases}\text{无限不循环小数}\end{cases}$$

图 5-8　"数的分类"概念图

总的来说，利用关系可视化的方式呈现学习内容有助于学生理解学习内容。建议教师在学生初学学习内容时，以呈现关系图为主，但在学生内化学习内容或复习阶段，以学生自行绘制关系图为主（具体可参见本章第 5 节）。教师既可以用关系可视化的方式来教，也可以让学生用关系可视化的方式来学。

4. 过程可视化

过程可视化是指将事物发展变化或事情进行所经过的程序以可视化的方式呈现出来。流程图、动图、视频、微课等都是过程可视化的工具。

有教师用流程图的方式呈现《小马过河》的故事梗概（图 5-9），帮助学生梳理小马遇到的问题和问题解决的过程。

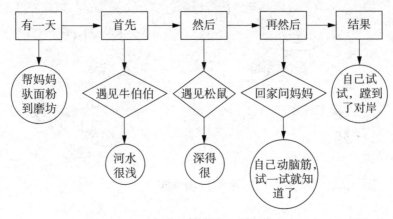

图 5-9 《小马过河》故事梗概

有教师通过流程图向学生呈现两位数加法计算路径（图 5-10），并启发学生在计算时参照流程图确认每一步的正确性。实践表明，辅以可视化的流程图比单纯的语言讲解更有效。

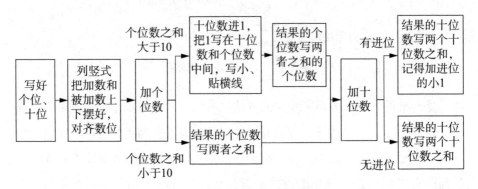

图 5-10 两位数加法计算路径

有教师用动图呈现勾股定理、追及与相遇等数学学习内容，感应起电、弹性碰撞等物理学习内容，化学实验或化学分子式等学习内容，体育动作和体育赛事规则等学习内容……有教师疑惑教学用的动图从哪儿来，除了自制动图之外，还可以在网上搜索、下载已有动图。

有教师用微课呈现过程性学习内容。比如信息科技课程涉及大量过程性的计算机操作方法和流程，单纯通过上课观摩教师操作、有限时间内的演练等方式，学生可能在掌握相关学习内容时仍然有困难，此时提供相应知识点内容的微课，便于学生有针对性地学习。

视频也是呈现过程性学习内容的方式。教师可自行拍摄视频，如抖音APP用户"光头强老师"自行拍摄了很多有趣、有料的物理实验，以轻松的方式呈现物理知识，同时还结合课程思政阐释物理知识所带来的启发。也有教师截取电影、电视剧或娱乐节目中的片段作为呈现过程性学习内容的载体。

5. 进度可视化

学生对各前序知识的掌握程度、是否存在被遗漏的前序知识，对他们进入下一环节的学习至关重要。凡是前序知识薄弱，甚至遗漏前序知识的学生，在学习中常常出现反应慢、理解不充分等问题，严重地影响其对后序知识的理解。基于此种情况，建议教师借助项目管理学中"任务分解"和"进度计划"的概念，进行学习进度可视化设计。主要有两种方法：一种是以概念图为知识原型，在概念图上标注学生对各知识点的掌握程度，并依此来反映学生的学习水平；另一种是以学习任务流程为原型，在学习任务流程图上标注各项子任务的完成情况，并依此来反映学生完成任务的速度。

进度可视化，主要依靠学生或学生小组自评，以直观地体现学习进度。学习进度可视化，使学生能够一目了然地看到自己的学习情况，及时发现薄弱环节，也使教师能够及时了解学生的学习情况，并在必要的时候提供学习支持，同时据此及时改进教学。

图 5-11 呈现了一个基于概念图的进度可视化案例。其中，有底纹的部分属于学生自评已经掌握的部分，无底纹的部分属于学生暂未掌握的部分。

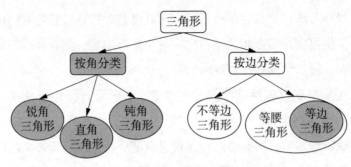

图 5-11 基于概念图的进度可视化案例

表 5-3 呈现了一个基于学习任务流程的小组进度可视化案例。借助在线协作文档，各个小组每完成一个任务模块就在表中进行标注，这样，每个小组都可以及时了解本小组及其他小组的进度，促进小组间的"赶追比超"，并在需要时咨询进度比较快的小组。教师则可以通过观察各小组的进度，对不同的小组给予不同的学习支持。对进度慢的小组，及时帮助他们解决问题、给予教学干预；对进度快的小组，及时帮助他们进行自评、组织他们开展进阶任务等。

表 5-3 基于学习任务流程的小组进度可视化案例

任务 组别	任务1	任务2	任务3	任务4	任务5
小组 1	■	■	■		
小组 2	■	■			
小组 3	■	■		■	
小组 4	■	■	■		
小组 5	■	■	■		

四、用情境化的方式讲解学习内容

呈现了学习内容,不代表学生能理解学习内容。为了促进学生理解学习内容,教师可引入与学习内容相适配的情境。

1. 语言情境

语言情境即采用学生熟悉的语言对学习内容进行具象化、生活化的类比。类比在教学中扮演着重要的角色。几乎每位教师都能回忆起自己求学时曾经遇到的类比:原子和太阳系的类比、电流和水流的类比、心脏和水泵的类比、苯环和咬着自己尾巴的蛇的类比。正是因为类比,让表面上看起来相差十万八千里的学习内容之间有了联系。有研究表明,面对简单问题时,是否通过类比的方式学习,效果差别不大;但当问题变得复杂时,用类比的方式学习的学生表现要比没用类比的学生好很多。[1]

类比是衔接新旧概念的一剂良方。有教师在教授 Java 语言程序设计课时,学生一度很难理解"变量"的概念,后来他想出类比的办法:"变量就像杯子,是装有信息的容器。"每个学生手上都拿到一只形态各异的杯子,玻璃杯只能存放数字,啤酒杯只允许存放文本,咖啡杯只能存放"真"或"假"。不同类别的杯子储存不同类型的内容,不得相互混淆。比如,咖啡杯里绝不能放数字。[2] 很显然,实物类比能帮助学生更快地理解变量概念,记忆也能更持久。

有教师在讲解公式 $a-b-c=a-(b+c)$ 时,以吃草莓来类比,一堆草莓(a),先吃一个大的(b),再吃一个小的(c),就等于一起吃大的和小的($b+c$)。

---

[1] R. Mayer. Elaborate Techniques That Increase the Meaningfulness of Technical Text: An Experimental Test of the Learning Strategy Hypothesis[J]. *Journal of Educational Psychology*,1980(72).

[2] [美]奇普·希思,丹·希思.让创意更有黏性[M].雷静,译.北京:中信出版社,2014:250.

有教师在讲解"光合作用中二氧化碳的获取"时，用类比的方法创设了语言情境：人的生命活动依赖于呼吸，植物像我们人类一样也是可以"呼吸"的，一般的叶片背面、茎、花都有很多气孔，就像我们的鼻孔一样可以进气和出气。动物通过"肺"进行呼吸，植物的呼吸"器官"比动物要多一些，植物的茎、叶、花就是植物的"肺"，呼吸活动都是通过这些"器官"进行的。这些呼吸"器官"会为叶子提供光合作用所需要的二氧化碳。

用类比的方法设置语言情境，不仅能帮助学习者理解学习内容中所蕴含的概念、原理或规律，还能提升在情境中运用这些概念、原理或规律的灵活性。在实际的教学中，教师不仅可以为学生提供语言情境，也可给学生布置任务，让学生用类比法解释所学内容，这也是从教到学的推进方式。

2. 体验式情境

体验式情境是为学生提供真实或模拟的情境和活动，让学生在教师的指导下参与其中并获得个人经验，然后学生进行反省和总结。体验式情境的创设有助于学生真切感受和深刻理解学习内容，它强调学生的主动参与和具身体验，力求学生在其中体验学习方法的习得、学习能力的提升、情绪情感的升华等。

有教师讲解"周长固定，哪个图形面积最大？"时，创设体验式情境使学生体验数学推理的过程：给学生一个固定的周长，让他先围一个正三角形，量出底和高（不是算出底和高），再算出面积，以此类推，算出正四边形、正五边形、正六边形的面积，学生会发现随着边数增加，图形的面积也越来越大，而此时图形也越来越接近圆形，由此推测当边数增加到无穷多，就成为一个圆。所以圆形的面积就应该是最大的。[①]

有教师讲解"新文化运动提倡白话文"时，创设故事情境：北京大学邀请王老师去学校做一场学术报告，王老师觉得自己的水平有限，想拒绝此任务，请分别用文言文和白话文回复，看哪种方式更简洁。学生用文言文表示

---

① 赵希斌. 听，学生在说：故事里的教育心理学[M]. 上海：华东师范大学出版社，2015：43.

"才疏学浅，恐难胜任，不堪从命"，而用白话文表示则说"讲不了，谢谢"。

有教师在讲解"减数分裂"时，收集学生的家庭照片，让学生分析父母与自己的关系及染色体核型图，以生物学事实指引学生观察并思考：我从哪里来？我和父母的染色体形态和数目有什么关系？这有助于激发学生的认知动力，使其聚焦于"减数分裂产生染色体数量减半的精细胞和卵细胞"概念的理解和应用。

有教师在讲解"冲积扇的形成以及颗粒大小的分布"时，由于涉及泥沙的流动形成过程，抽象性较强，学生理解起来存在一定的困难。教师让学生利用沙子和书本作为道具模拟泥沙流动过程，以此来理解"河流流出山谷口时所携带的泥沙沉积的过程"。这种运用实物模拟的方法能帮助学生更清晰地理解学习内容。①

除此之外，各类物理实验、化学实验、生物实验等均是通过学生具身参与的方式，为学生提供体验式学习情境，让学生在体验中理解学科知识、把握学科技能、提升学科素养。

3. 故事情境

故事情境是指将学习内容蕴含到故事中，协助学生去理解。故事情境的创设可有效激发学生学习兴趣，拓展学习思维，加强学习体验，提高学习积极性，因此，教师要重视故事情境的创设与实施。

在学习"字母 o 和声母拼读拼写"时，学生容易犯"buo""lo"这样的错误，于是教师讲了一个小故事：

> 今天故事的主人公是小 o，小 o 非常喜欢交朋友，他遇到 bpmf 就握手，说："你好你好，你能和我交朋友吗？""可以可以，当然可以。"所以 bpmf 就和 o 交朋友啦。小 o 很随和，和他们交朋友就读前面声母朋友的音：bo、po、mo、fo。和 bpmf 告别以后，小 o 要去找 dtnl，可

---

① 来美彤.科学教育视角下的类比法在地理教学中的应用——以人教版地理必修第一册（2019年版）为例[D].济南：山东师范大学，2021.

是 dtnl 住在河对岸，过不去怎么办呢，你们有什么好办法吗？搭桥！找谁搭桥啊，你们猜猜？对了，就是小 u 啦！来吧，他们三个交朋友，一起来拼一拼吧！（组织学生一起拼字母卡片）。①

以上的故事能帮助孩子们总结出 o 只能和 bpmf 直接拼，剩余的所有声母都需要借助 u。

有教师在数学课上讲解"解决问题的策略——倒推"时，自创"秀才请客"故事情境（图 5-12），并以可视化的方式呈现。② 通过观察故事情境图，学生计算秀才原本请客人数为：（2×2+10）×2。教师追问：为什么题目中"走了一半客人"，算式中却用"乘以 2"？"又走了 10 人"，但算式中"加上 10"？以此引导学生思考：顺着整理信息，能看出事情的变化过程，但解决问题时，要倒过去想，这就是"倒推"策略。

图 5-12 秀才请客故事情境

在学习了"长度单位和质量单位"后，教师带领学生尝试用它们描述生活中的数学故事，比如：

---

① 李一诺.学校是比家大一点的地方：一土老师写给家长的105封信（全二册）[M].北京：中信出版社，2020：407.

② 雷玲.好课是这样创成的·数学卷[M].上海：华东师范大学出版社，2020：137.

今天清晨6时30分零4秒，我从2米长的床上起来，用1分米长的牙刷刷牙，再洗脸，吃早点，然后就背着约2千克重的书包上学了。大约走了150米的路，我就到了学校。操场上的人寥寥无几，我碰到一个身高大约145厘米的孩子。这时，一阵风把7片叶子吹了下来，我看每片叶子大约是1毫米厚。大课间时，很多同学在重约1吨的篮球架旁投篮，其中有一个同学的口袋里掉出来1枚约2克重的一元硬币。[①]

4. 案例情境

案例情境是指在呈现抽象学习内容之前，先呈现具体的案例，让抽象的学习内容具象化，便于学生理解。

以教学生写议论文为例。教师先提供几个同主题的议论文案例，让学生辨析哪个写得好，哪个写得差，然后根据案例总结议论文写作的注意事项和避坑指南，再与教师所提供的"议论文写作注意事项十条"相比较，进行学习、内化。这样与教师直接提供"议论文写作注意事项十条"的方法相比，学生的学习效果更好。

小学数学中有一小节——"2和5倍数的特征"，其重点很精炼，也很明了，即：

- 2的倍数的特征：个位上的数是0、2、4、6、8。
- 5的倍数的特征：个位上的数是5或者0。
- 2和5的倍数的特征：个位上的数是0。

有教师习惯先出示以上学习内容，让学生机械记忆，然后再出题考查学生掌握情况。实际上，以这种方式学习的学生经不起"考"验，不会灵活地应用倍数的知识。有教师进行了"案例情境"改良。

第一步，先呈现案例情境。教师出示百数表，并布置学习任务——这些数哪些是5的倍数？请圈出。学生在该任务的驱动下，会从长时记忆

---

① 刘善娜. 这样的数学作业有意思 [M]. 北京：教育科学出版社，2016：120.

中提取倍数知识，然后找到 5 的倍数。第二步，让学生在案例情境的基础上，用语言描述 5 的倍数的特征：个位上的数是 5 或者 0。第三步，让学生用同样的方法探索 2 的倍数的特征、2 和 5 公有倍数的特征。如此一来，学生先通过具体案例感知，再提炼抽象的理论，学得轻松，也学得扎实。

五、用结构化的方式复习学习内容

无论是以可视化的方式呈现学习内容，还是以情境化的方式讲解学习内容，大多应用于学生初学学习内容阶段，此时学生掌握的多是零散的知识。复习阶段则要让学生将知识进行整合，将零散的知识结构化，以提升学生的问题解决能力。在复习阶段，结构化工具的使用者以学生为主，学生整合所学内容，梳理学习内容之间的联系，构建个体化的知识结构图，再由教师或其他学生进行评价。

值得一提的是，"结构化整合学习内容"已写入《义务教育课程标准（2022 年版）》，是探索学生核心素养发展的路径之一。下面列举几种结构化的方式以及学生复习的案例。

1. 思维导图

思维导图运用图文并重的技巧，把各级主题的关系用相互隶属与相关的层级图表现出来，把主题关键词与图像、颜色等建立记忆链接。须向学生强调的是，思维导图是一个思维工具，不是一个美术工具，绘制思维导图是一个学习思考的过程，并非一个练习画画的过程，所以学生不用担心自己没有画画天分，因为尽管在使用过程中会用到一些色彩、线条甚至图像等，但这些元素的加入都是为了辅助思考，而不是为了美观。只要能呈现对所学内容的理解，就是有效的思维导图。图 5-13 呈现了化学 "物质分类" 思维导图案例，图 5-14 呈现了科学 "声音三要素" 思维导图案例，图 5-15 呈现了语文《师说》的表现手法思维导图案例。

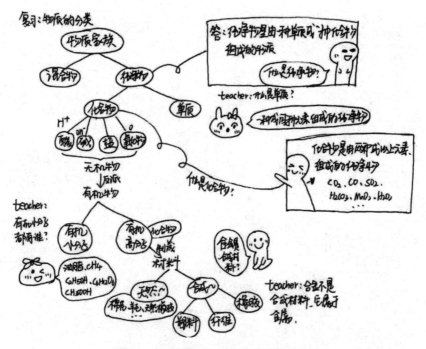

图 5-13 化学"物质分类"思维导图

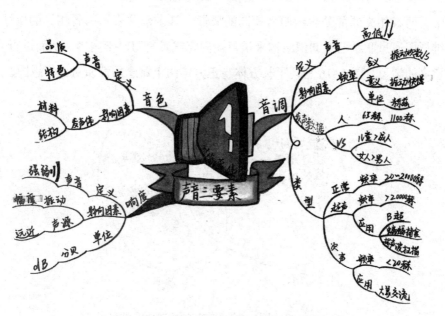

图 5-14 科学"声音三要素"思维导图

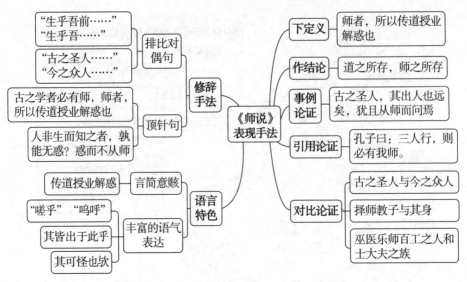

图 5-15 《师说》表现手法思维导图

2. 维恩图

维恩图可以很直观地表示两到三个概念之间的关系，通常用于比较。其中，两者相交的部分表示两者相同的属性，其余部分表示两者相异的属性。维恩图通过联系已有知识结构来学习新内容或者复习已学内容，从而进行有意义的学习。图 5-16 呈现了长方体与正方体两个概念的性质对比维恩图。

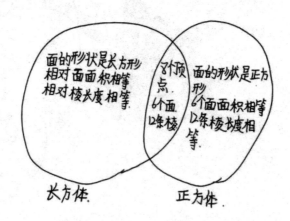

图 5-16 长方体与正方体性质对比维恩图

116 | 以学习为中心：教学设计新思维

3. 鱼骨图

因其图形看上去像鱼骨，所以称之为鱼骨图。在"鱼头"处标出要探讨的问题，通过头脑风暴法找出造成问题的原因或步骤，并基于此形成相互关联、层次分明、条理清晰的图形。它可以直观地将因果关系/顺序步骤等呈现出来，帮助学生理清思路，确认因果关系/顺序步骤。图5-17呈现了"实验室制氯气的过程"鱼骨图；图5-18呈现了"实词推断方法"鱼骨图[1]。

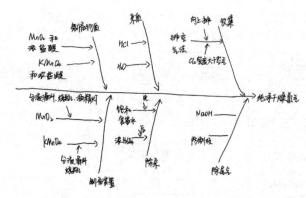

图 5-17 "实验室制氯气的过程"鱼骨图

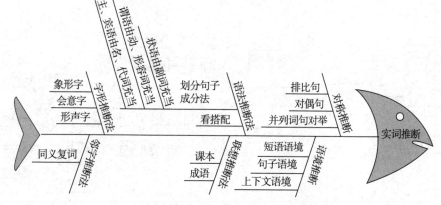

图 5-18 "实词推断方法"鱼骨图

---

[1] 高元. 思维可视化在高中文言文教学中的应用[D]. 重庆：西南大学，2021.

4. 流程图

流程图可以用来描述任何有顺序、规则的学习活动过程。学习活动之间不仅有严格的先后顺序限定，而且活动的条件、内容、方式等也都有明确的安排和界定。图 5-19 呈现了"作三角形的高"的流程图、图 5-20 呈现了"解化学条件方程式试题"的流程图、图 5-21 呈现了"色素提取与分离实验"的流程图。

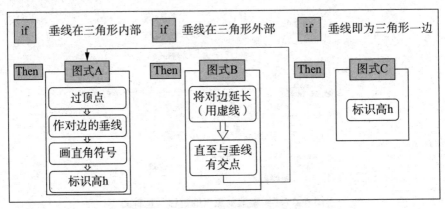

图 5-19 "作三角形的高"的流程图

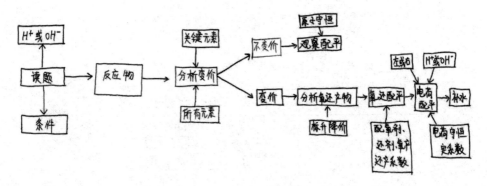

图 5-20 "解化学条件方程式试题"的流程图

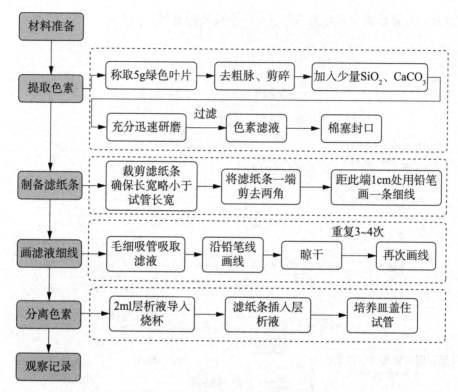

图 5-21 "色素提取与分离实验"的流程图

5. 概念图

概念图是一种意义学习工具,它是一种用节点表示概念、用节点之间的连线表示概念间关系的图示法。图 5-22 是概念图的概念图[1],可以看到最顶端有一个焦点问题,它用来说明这幅图具体回答什么问题。圆角方框里的词或词组叫作概念,连接两个概念的线条叫作连线,线条上的文本叫作连接词,"概念-连接词-概念"(联合起来)就构成了一个命题,如"概念图表征有组织的知识"就是一个命题。在概念图中,命题都是独立的意义单元,多个命题共同构成了认知结构。概念图的不同部分之间的相互关系可以通过交叉连接来表示,这种相互关系是发挥创造力的表现,如图 5-22 中的"创

---

[1] 赵国庆. 别说你懂思维导图 [M]. 北京:人民邮电出版社. 2015:174.

造力－需要看到－相互关系"就是一个交叉连接。

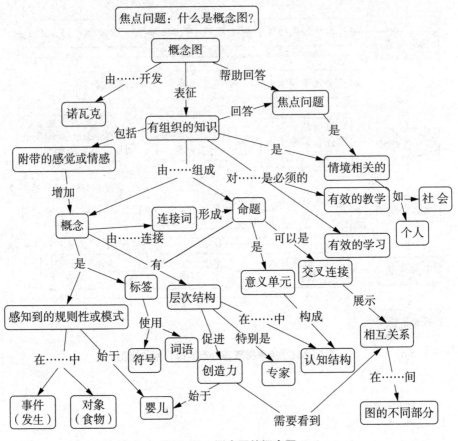

图 5-22 概念图的概念图

概念图呈现的是概念和概念之间的关系，多用来整理笼统的概念。在教学实践中它能反映出学生头脑中已形成的认知结构，展现学生对某一知识的理解情况。图 5-23 呈现了"物质"概念图，图 5-24 呈现了"可视化工具"概念图[①]。

---

① 赵国庆. 别说你懂思维导图 [M]. 北京：人民邮电出版社. 2015：185.

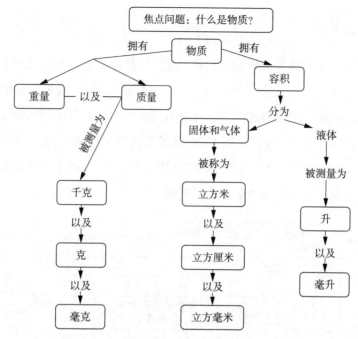

图 5-23 "物质"概念图

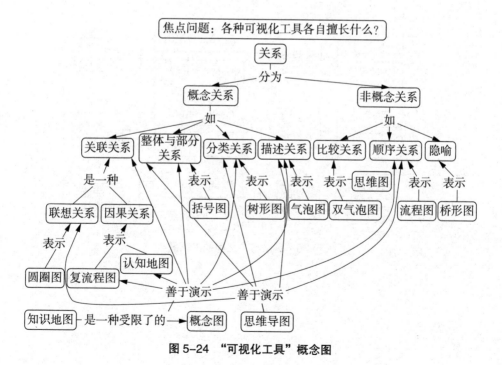

图 5-24 "可视化工具"概念图

6. 认知地图

认知地图也被称为因果图，它将"想法"作为节点，并将其相互连接起来。与概念不同，想法大多是句子或段落。"想法"是通过带箭头的连接线连起来的，连接线上没有连接词，且没有层次的限制，但连接线的隐含意思是"因果关系"或"导致"。图 5-25 呈现了蛙数量变化导致生态系统的变化，图 5-26 呈现了运动与力之间的关系图，图 5-27 呈现了血糖平衡调节过程的逻辑分析图（图中虚线表示负反馈调节）。

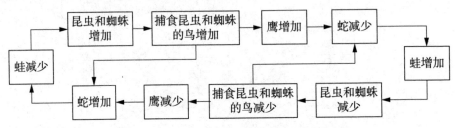

图 5-25 蛙数量变化导致生态系统变化

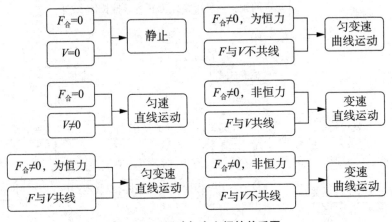

图 5-26 运动与力之间的关系图

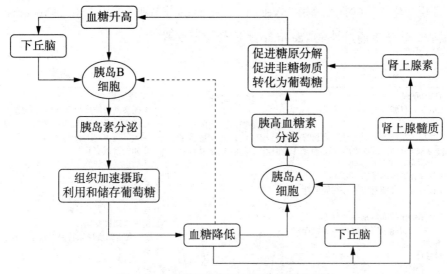

图 5-27　血糖平衡调节过程的逻辑分析图

7. Vee-map

Vee-map 是用来建构和表征知识的工具，可以将知识、思维过程显性化，促进学生进行思考、交流，实现旧知识向新知识的迁移与整合。Vee-map 呈倒三角状态，即字母"V"左右两边延伸。Vee-map 的构成分为三大部分内容：核心问题、理论部分、方法部分，每个部分之间互相关联，阐明了学习探究的过程和知识的创造及建构过程。"理论部分"是与核心问题相关的概念或理论，位于"V"形的左侧，可包括世界观、哲学/知识论、原理、相关概念等；"方法部分"即实践操作部分，位于"V"形的右侧，可包括事件、记录、数据与分析、结论、价值说明等。Vee-map 常用于以问题为中心的教学活动中，所以一般将核心问题置于"V"形中央，各部分内容依据核心问题展开，按从左往右的方向依次填写，有助于指导学生了解知识的建构过程，启发学生有条不紊的思考，通过不断反思、修正、完善，从而解决问题，形成新知识。Vee-map 揭示了学生的思维过程并使其思维过程可视化。根据不同学科，Vee-map 可进行相应的简化或改良。图 5-28 呈现了

第五章　学习内容设计：共创学与教的载体　｜ 123

"月相变化规律的探究实验"Vee 图[①]，图 5-29 是教师向学生提供的 Vee-map 模版，让学生通过补全 Vee-map 来进行知识复习[②]。

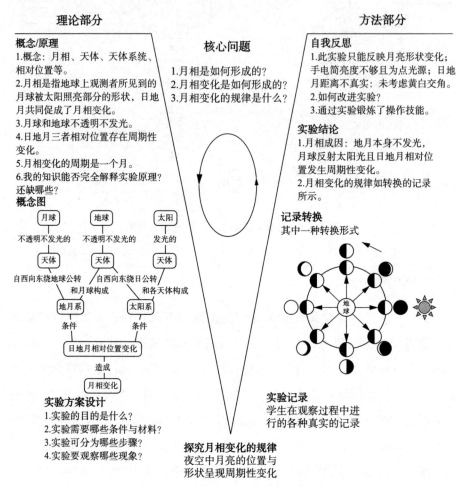

图 5-28　"月相变化规律的探究实验"Vee 图

---

① 张旭彦，朱雪梅.Vee 图知识可视化工具在地理项目式教学中的应用探索——以"月相变化规律的探究实验"为例 [J]. 地理教学，2020（17）：10-14.

② 李皓颖.Vee-map 在高中生物教学中的实践研究 [D]. 昆明：云南师范大学，2018.

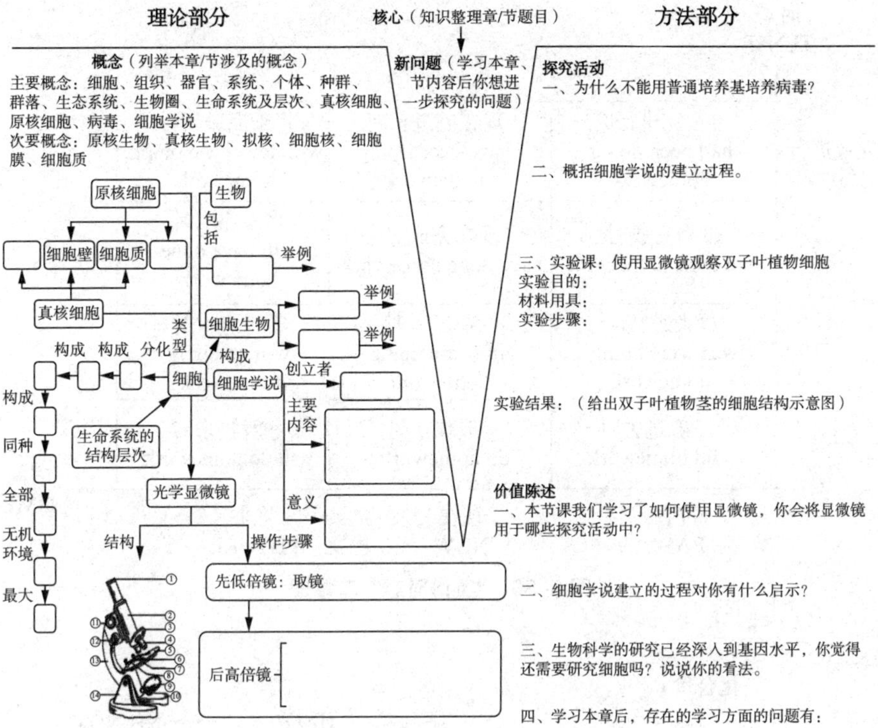

图 5-29 "走进细胞" Vee-map 模版

8. 二维图

二维图属于一种认知模型，它借鉴数学中的坐标图概念，横、纵坐标分别代表不同的含义。学生可在坐标图中标出横纵坐标交叉位置所代表的知识点，也可通过连线、标注等方式标明知识点之间的关系。二维图将不同分类方式巧妙融合在同一张图中，不仅有助于学生进一步完善认知结构，还有助于沟通知识间的纵横联系。

图 5-30 呈现了"英语时态"二维图；图 5-31 是教师在"氮及其化合物"二维图的基础上增加了一个应用维度，设计了三维图，促使学生学以致用[①]。

---

① 宗汉.基于"价-类-用"三维图的元素化合物单元复习[J].中小学教材教学，2020（2）：73-76.

	过去 PAST	现在 NOW	将来 FUTURE
完成进行	过去完进行时 had been doing homework	现在完进行时 have been doing homework	将来完进行时 will have been doing homework
完成	过去完成时 had done homework	现在完成时 have done homework	将来完成时 will have done homework
进行	过去进行时 was/were doing homework	现在进行时 am/is/are/doing homework	将来进行时 will be doing homework
一般	一般过去时 did homework	一般现在时 do homework	一般将来时 will do homework

图 5-30 "英语时态"二维图

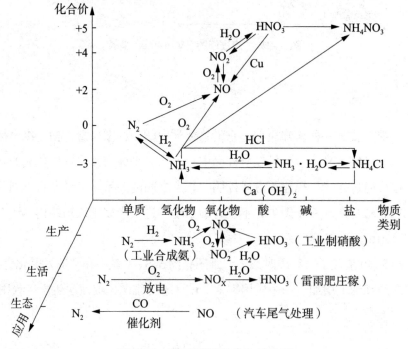

图 5-31 "氮及其化合物"三维图

六、用多元化的方式丰富学习内容

1. 将学科史融入学习内容

哲学三大问题：你是谁？从哪儿来？到哪儿去？其中"从哪儿来""到哪儿去"两个问题帮助解答"你是谁"的问题。"从哪儿来"这个问题既让人知道你的起点是哪儿，也让人知道你是通过何种方式来的；"到哪儿去"这个问题让人了解你的未来打算，预期你的行动。

当下的教学往往非常重视学生对学科知识的应用，如把学科知识融入到具体的案例中，通过在案例中的运用来掌握学科知识，这其实也就是在关注学科知识"到哪儿去"的问题。可是，如果学生不明白学科知识"从哪儿来"，就难以掌握学科知识的生成方式、学科知识的结构。因此，若想进一步深挖学科知识的育人功能，帮助学生深度学习学科知识，必须持续追问学科知识是从哪里来的，这需要教师加强对学科史的学习与研究，在学习内容中融入学科史内容，以学科史来赋能教学——用生成学科知识的方法来掌握学科知识，用学科结构的古今逻辑来组织学科知识，用学科大师们创造学科知识的思维来梳理学科知识。

除此之外，在学习内容中融入学科史的故事也使得抽象的知识变得更加形象、真实，能让学生更好地了解学科探究过程、体验学科发展历程、达成学习目标。

有教师在教授九年级化学"水的组成"这一章节时，按照化学史逻辑来组织学习内容。在化学史中，与水相关的一系列故事包含卡文迪什制得氢气、普利斯特里发现氢气燃烧、拉瓦锡分解水等。这些化学史故事有助于学生对相关化学知识的理解和串联。具体教学流程如图 5-32 所示。[①]

---

① 马俊，杨宝权. 依托教材创造性处理教学内容初探 [J]. 化学教学，2021（11）.

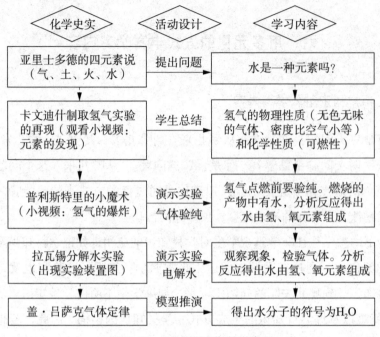

图 5-32 "水的组成"教学流程

学科人物史也属于学科史中的一部分。有教师在讲授阿弗雷德·阿德勒个体心理学的核心概念"自卑与超越"时，先引入了阿德勒的故事。

  有一位小朋友，他的童年有点惨：从小就体弱多病，差点因为肺炎死掉，还得过佝偻病，所以个子很矮，运动能力也差。就连运气也不太好，他居然出过两次车祸，成绩也不行，班上倒数，所以整个人就很自卑。但就是这样的一位底子差、又自卑的小朋友，最后居然逆袭了。他努力学习，从班上倒数变成了尖子生。因为小时候总生病，所以他就想当医生，最后考上了维也纳大学的医学博士，实现了自己的理想。更不得了的是，他还受到了当时全世界最出名的心理学家的赏识，跟着他学习了整整9年，成了一代心理学大师，最终创立了一个新的心理学流派。这一套理论，就包含着他通过超越自我从而改变命运的经历，以及关于人生意义的思考。

这个故事就是阿德勒的亲身经历。阿德勒的个体心理学强调社会因素对人的影响，认为每个人都可以通过自己的努力，实现人生的目标，改变自己的命运。可以说，阿德勒的人生经历，本身就是激动人心的逆袭。学生在阿德勒故事的感染下，对"自卑与超越"的理解也更为深刻了。

2. 跨学科整合学习内容

我在寒假辅导小侄女朵朵写数学作业，有一道数学题是"中国金牌总数比美国多多少？"。朵朵说这道题的题干说得不清楚，因为不知道要用中国的金牌跟美国的什么进行比较。显然，朵朵的数学计算受限于语文的阅读理解水平。于是，数学辅导变成了语文辅导，我给朵朵说了说"省略句"的含义和用法。这个事让我更深刻地体会到"学生的学习是一个综合系统，各学科之间相互衔接、相互支撑"。为解决学科整合问题，有教师进行了如下的数学任务设计，其中不仅包含数学的乘法和除法，还包含对年月日、年龄的理解，除此之外还有数学与语文的融合。

请笔算下面题目，并将题目的结果填入短文中，使短文成立。

$722 \div 38$　121×16　$130 \div 26$　99×19　$1210 \div 22$　317×6

你知道吗？鲁迅是中国伟大的文学家、思想家和革命家。原名周树人，浙江绍兴人。（　　）年出生于破落封建家庭。（　　）年前往日本学医，后弃医从文，（　　）18年（　　）月，首次用笔名"鲁迅"发表中国现代文学史上第一篇白话文小说《狂人日记》。（　　）年10月病逝于上海。终年（　　）岁。[1]

相信很多教师都有类似的经历。在自己所教授学科/课程中，经常涉及其他学科/课程的内容，而学生对该学科/课程的理解和掌握程度影响着学生在教师所教授学科/课程上的学习效果。因此，教师在教学中，不能仅仅局限于自己所任教的学科/课程，为了帮助学生突破在某个知识点上受其他

---

[1] 刘善娜. 这样的数学作业有意思 [M]. 北京：教育科学出版社，2022：50.

学科学习进度、理解的限制，教师应提供相关学科知识的内容链接，以支持本学科/课程的学习。

《义务教育课程标准（2022年版）》中强调，教师要结合学生特点，以跨学科主题学习为主，适当采用主题式学习和项目式学习的方式，设计情境真实、较为复杂的问题，引导学生综合运用跨学科的知识与方法解决真实性问题。跨学科学习要求教师了解并设计跨学科学习活动。

有教师要求学生记录在体育项目活动中的数据，并从中发现运动与健康或安全方面有关的问题，如运动类型、运动时间与心率的关系；运动时间、性别与心率的关系等。这就要求不同学科教师之间合作，综合提供体育、数学、生物等学科的内容，解决学生在不同学科中遇到的问题：从数学学科的角度分析变量与变量之间的关系、建立表达式；从生物学科的角度分析引发心率变化的主要因素以及因素的影响程度；从体育学科的角度分析如何通过心率监测调控自己的运动类型和运动时间。

有教师布置"Yesterday once more"任务，要求学生根据某一历史事件，选择事件所涉及的人物角色，进行戏剧表演。这也要求不同教师之间的合作，综合提供历史、戏剧、语文等学习内容：从历史学科的角度提供历史背景等相关史实信息；从戏剧课程的角度提供戏剧表演等相关信息；从语文学科视角提供剧本撰写等相关信息。

跨学科整合学习内容是结合不同学科来解决同一个问题或者达成同一个目标，但在实施的过程中常常走偏，比如为让学生缕清一个故事的脉络线索，教师布置了绘制故事地图的任务。看似将语文、美术两个学科结合在了一起，但是评估时往往更关注谁画图画得更漂亮、人物更形象，而最初的"理解故事脉络"的学习目标反而被忽略了。这种情况下，还不如不用跨学科的方式，只是让学生写出故事脉络的关键词，并串联起来用一两句话概括故事，反而更能达到目标。

3. 拓展教材外内容

中秋节，朵朵的老师布置了任务，让学生搜集与中秋节相关的古诗在班里分享、解读。朵朵和她的同学们找到了很多：张九龄《望月怀远》、李商隐《嫦娥》、孟浩然《秋宵月下有怀》……拓展学习兼具比较与参考的功能，能帮助学生更深入地理解所学内容。

照搬教材来教学真的不行。世界太大了，要让学生有拓展的意识和行动，要开通拓展学习内容的通道，借助网络学习平台，开辟学习内容拓展区，供学生主动分享拓展学习内容，并筛选优质内容在课上进行分享。当学生都主动拓展学习内容的时候，既获得了多样化的学习内容，也提升了主动搜索相关内容的信息素养，同时提高了自主学习能力。

除了让学生自主拓展学习内容之外，教师也要超越教材，在横向相关、纵向深入的维度上提供多元学习内容，供学生进行更深入的探索。越是呈现多元的学习内容，越能以开放性的态度支持学生的自主探索和理解。

有教师在教学时引入学科前沿进展。在教授"万有引力的应用"一节时，教师引入我国航天事业的成就，从载人航天取得重大进展，到嫦娥探月"三步走"圆满完成，从北斗组网全面建成，到"祝融"探火、"羲和"逐日、"天和"遨游星辰……既以前沿动态和高新技术提高学生的学习兴趣，也让学生更清晰所学内容的实际应用场景。

有教师基于学生的学习现状拓展学习内容的难度。在英语阅读教学中，除了教材所提供的阅读材料，教师根据学生的兴趣和阅读水平推送了不同的相关阅读内容。比如教材中学到了能源的主要形式，拓展阅读中还包含不同类别能源的存量比例、存储位置等，增加了数字、比较等英语表达的内容。

在进行学习内容拓展时，教师要注意以下几点：

第一，围绕学习目标选择拓展学习内容。偏离了学习目标，学习内容的向心力不够，反而容易成为学生学习的干扰源。

第二，拓展学习内容的难易程度要适中，符合最近发展区的要求。拓展的学习内容太容易或太难，都不利于学生学习，只有给学生提供在最近发展区内的学习内容，才能够对学生原有的知识结构和理解水平构成一定的智慧挑战，满足学习的需要。对于难度较高的拓展内容要做适当的补充提示。

第三，确保拓展学习内容的趣味性和教育性的统一。一是学习内容有趣味、有意思才能吸引学生，二是教师要保证学习内容具有教育意义，千万不能发生误导性错误。这是确保拓展学习内容质量的关键所在。

4. 将生成性内容纳入学习内容

"学习中心"教学更强调教学内容的生成性。当以学习为中心时，教师的教和学生的学不是各自独立的活动，而是融为一体的有机体。教学由师生互动而成，是教师和每一位学生都参与的网络式互动，作为网络中的节点的每个人既是信息的接受者，又是信息的重组者、传递者和生成者。正是学生与教师一起成为课堂生活的创生者，课堂才可能充满生机勃勃的活力。

因此，教师课前给学生准备的学习内容不是学习的全部，教学高手会敏锐地捕捉课堂上生成性的学习资源：学生的某个疑问、观点、错误，或者学生之间的差异等。总体而言，若想将生成性内容纳入学习内容，教师必须能准确把握学生学情并即时作出反应。因此，在课堂上，教师应将关注的重心放到学生身上，放到对课堂生成性信息的捕捉、判断和重组上。

有教师善于捕捉课堂上的突发事件，并将其转化为学习内容。在一节"学会倾听"的心理课上，在导入游戏"请你把大拇指伸出来"中，教师发现有些学生总是急于提醒做错的同学而打断游戏，这是预设中教师没有考虑到的情况，但这是一个非常好的契机，能够引导学生切切实实地明白倾听的重要性。于是，教师并没有播放事先准备好的引导学生讨论的视频，而是将游戏中的"做错与急于提醒做错"作为讨论的起点让学生讨论刚刚发生的事，让学生体验更深，也更积极参与。[①]

有教师善于捕捉学生在课堂上提出的问题，并将其转化为学习内容。比如在初中生物课上，有学生提出疑问：生活中小孩会被水淹死，但是胎儿在羊水里面为什么不会被淹死？这个问题是教师在课前没有预设到的。针对这个问题，教师先征求其他同学的看法，有学生认为胎儿在羊水中不会张嘴，

[①] 周隽，等.心理课怎么玩：心理教师实战进阶手册[M].上海：华东师范大学出版社，2021：338.

所以没事，有学生否定这种说法，并拿出证据证明8个月的胎儿已经能够把手伸进自己的嘴中进行吸吮了。又有学生提出可能胎儿是会游泳的，但因为缺乏证据而被大家否定。此时，教师抓住契机进行解释：与人平时的肺部呼吸不一样，胎儿在子宫内是通过胎盘和脐带进行"呼吸"的，所以，并不会发生淹死的状况。之后，教师又顺着学生的思路给他们讲了更有趣的事情：胎儿在子宫里还会打嗝、吞羊水甚至撒尿，他们尿液中的废弃物质通过胎盘到达母亲的血液中，由母亲来进行新陈代谢，而其他物质则变成羊水。这样，教师不仅解决了学生的问题，而且还分享了问题之外的有关知识，让学生对知识的了解更加全面。[①]

有教师善于捕捉学生在课堂上的错误，并将其转化为学习内容。在进行"生物组织中的糖类、脂肪和蛋白质检测"实验时，为引导学生从化学角度对还原糖和非还原糖进行比较，教师在实验中增加了蔗糖对比实验。但是，学生却在操作中误把斐林试剂加入蔗糖溶液，在进行水浴加热后，同样出现了砖红色沉淀，这显然偏离了实验预期。面对这种情况，教师没有责备，也没有当即给出解释，而是将其作为生成性的教学内容呈现给全班学生，让学生结合已有的知识和经验对实验现象进行分析并提出改进方案，学生经过讨论后指出，这一实验现象的原因可能是蔗糖中混有葡萄糖，并在此基础上提出了改进方案，并在进一步实验中得到验证。学生对还原糖和非还原糖的认识也因此得到了提升。[②]

总之，若想将生成性内容纳入学习内容，需要教师做到：

第一，让学生摆脱静听模式，呈现出"活"的状态，愿意在课堂上畅所欲言。

第二，通过开放式的问题、情境、活动，使学生能联系自己的经验、体验、问题、想法或预习时收集的信息，进行交流。

第三，通过多元的评价和反馈方式，促进学生基于个体经验的视角提出

[①] 徐玉玲.把握"节外生枝"，建构生成性课堂[J].教书育人，2018（7）：30.
[②] 昝峰丽.发掘生成性素材，建构生成性课堂[J].中学生物教学，2019（11）：45.

相关问题，以及问题解决方案。

第四，积极组织学生对课堂生成的学习差异、学习错误、学习观点等进行研究讨论，进而引出新的、开放性的、生成性的学习内容。

七、把学习方法纳入学习内容

谈到学习内容，教师一般想到的是与课程标准、考试范围、教材等相关的内容，而往往忽略学习方法。教师常把学习方法当作学生已具备的常识，因而对学生提出种种要求，比如上课好好做笔记、上课之前先预习、上课认真听讲、下课好好写作业。可是，怎么做笔记才算是好好做？怎么预习才算是有效预习？怎么听课才算是认真？把学习方法纳入学习内容，可以让学生的学习事半功倍。

1. 做笔记

做笔记是学生常用的学习方法，只不过大部分学生把做笔记等同于抄笔记。有些学生忙着抄下教师 PPT 或板书上的所有内容，有些学生则想逐字逐句记录教师的话，有些学生只在教师提醒的时候才抄下重点内容，无论是哪一种，都只是在被动地"复制－粘贴"，没有触发学生的思考，也没有激发学生主动参与信息处理和知识建构。事实上，做笔记是一个创造的过程，是学生把自己听到、读到、看到的内容进行组织、提炼和总结的过程，能帮助学生培养逻辑思维能力，对理解力和记忆力的提升都有显著作用。

下面将介绍两种做笔记的方法。但是，教给学生做笔记的方法，他们也未必愿意去做，必要时教师可将笔记作为评估内容之一，以使学生体验做笔记的好处。

（1）康奈尔笔记法。

康奈尔笔记（图 5-33）分为三个部分。右上方的笔记区需在上课时填写，主要记录课堂中的学习内容，可参照课堂板书记下新知识点和案例，但无须逐字逐句记录教师上课时说的话。建议用符号做标记，比如用星星代表最重要的内容,用问号代表上课没有听懂或者有疑问的地方,用三角代表课后需要查找的资料等。

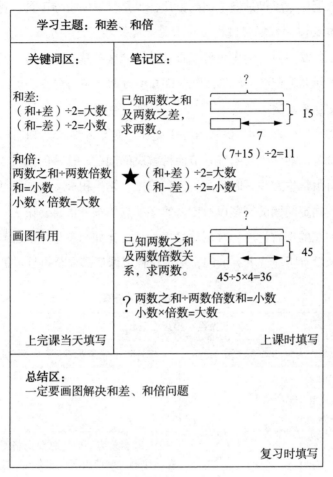

图 5-33　康奈尔笔记示例

左上方的关键词区需在下课后当天填写,主要是对当天课程内容进行关键词总结或者记录一些待解决的疑问。当天总结符合记忆的规律;关键词总结是学生自主精炼学习内容精华的过程,可加深对知识的二次吸收;待解决的疑问则能引导学生持续探究。最下方的总结区需在学习后一周左右、复习笔记之后填写。填写总结区最有效的方法就是只看着左上方的关键词区去回忆课堂学习内容,然后用自己的语言描述、总结,写出自己的想法、思考和疑问,这代表着学生在自主梳理、理解和内化课堂内容。

康奈尔笔记不仅仅是做笔记的方法,也是复习的指导工具。首先,做康奈尔笔记本身包含着复习过程,一次是上完课当天,一次是课后一周左右;其次,在之后复习时,学生也可先查看关键词区和总结区,努力回忆相关内容,然后再回到笔记区,仔细回顾全部知识点和对应的细节。

(2)交互笔记法。

交互式笔记(表5-4)的重点在于交互。交互主要体现在以下几个方面:第一,在做笔记前学生先明确本节课待解决的问题,这些问题可由教师直接给出,也可由学生在预习时自主提出;第二,学生积极参与课堂活动或课下自主学习,确定问题的答案以及支持答案的具体细节信息;第三,学生自我评估对该问题的理解程度,并用符号做标记,比如用星星代表理解了,用问号代表上课没有听懂或者有疑问,用三角代表课后需要重点复习等。

表5-4 交互式笔记示例

主题:狼牙山五壮士			
问 题	答 案	具体细节	自我评估
文中哪个词可以概括当时五壮士正在做的事?	痛击敌人		★
文中是如何描写五壮士痛击敌人的?	既关注群体又聚焦个体的"点面结合"法	"战士宋学义扔手榴弹总要把胳膊抡一个圈,好使出浑身的力气"这句话属于点的描写。 "为了拖住敌人,七连六班的五个战士一边痛击追上来的敌人,一边有计划地把大批敌人引上了狼牙山。他们利用险要的地形,把冲上来的敌人一次又一次地打了下去"这句话属于面的描写。	★
感受到了五壮士的哪些精神?	英勇无畏、意气豪壮	副班长葛振林打一枪就大吼一声,好似细小的枪口喷不完他的满腔怒火。	?

续表

主题：狼牙山五壮士			
问　题	答　案	具体细节	自我评估
文中如何描写五壮士英勇跳崖的情景？	"五位屹立在狼牙山顶峰，眺望着群众和部队主力远去的方向。他们回头望望还在向上爬的敌人，脸上露出了胜利的喜悦。"	体会五壮士当时的情境——他们昂首挺胸，神态自若，显示出一副坚决不可动摇的样子。	▲

2. 预习

预习的目的只有一个，就是为正式的学习做准备，而不是要求学生必须学明白。有的教师用前测来衡量学生预习的质量，其目的就不是让学生预习，而是超前学习。这种方式会增加学生的学习负担，导致大多数学生不喜欢预习。科学的预习需注意以下几个方面：

第一，预习时间不宜过长，根据所学内容难易程度，10~15分钟即可。

第二，预习之前先快速复习，尽量消除遗留的知识盲点、疑难问题。因为知识点是环环相扣的，只有把前面学过的知识夯实，才能为新的学习打好基础。

第三，快速阅读课本，寻找和标注重点概念、公式和原理，并尝试理解它们。尽量思考它们的含义，理解它们之间的内在逻辑。

第四，预习时无须理解所有知识点。预习时弄懂每一个知识点非但不现实，还可能因为自学不力而感到挫败。

第五，预习时标注自学能懂或存在疑惑的地方。比如用蓝色笔在能基本弄明白的知识点旁画一个勾或做一些简单批注，提醒自己上课时只要跟着教师的讲解再顺一遍就好；用红色笔标注存在疑惑或者完全不懂的知识点，提醒自己上课时要重点听这一部分。也可以写一个预习提问表，列出不理解的概念、公式和原理等知识点，以及其他相关问题，一是提醒自己上课重点听，二是在下课后对照预习提问表核查问题是否都已解决了。

能否科学、高效地预习常是学生之间产生学习差距的重要原因。那些作业堆得很高完成不了的孩子，大多是没有学会方法，但是他可能会说"作业都写不完，哪有时间预习？"其实，忙碌恰恰是一种提醒。如果作业写不完、学习任务完不成，就是需要静下心来研究一下学习方法的时候了。

教师一方面要教给学生科学预习和标注的方法，另一方面要通过检测学生的预习情况即时调整教学重点，而不要把它当作评价学生的手段。也就是说，不仅学生要转变对预习的看法，教师也要转变对预习的利用方式。

3. 听讲

听讲是学生最主要的学习方式之一，在学校里至少有半数的时间是在听教师或同学讲。但是我们常常发现，那些上课时看起来在好好听课、认真记笔记的学生并不一定是成绩最好的，甚至有些成绩还比较差。这似乎印证了学习金字塔理论（图 5-34），即听讲是最低效的学习方法。但真相并非如此。

图 5-34　学习金字塔

学习金字塔理论认为，知识留存率在 30% 以下的传统学习方式都属于被动学习，而知识留存率在 50% 以上的都是主动学习。如果我们把视角聚焦于主动学习还是被动学习，重新审视听讲，就会发现不是听讲低效，而是被动听讲低效。那到底如何主动听讲呢？

第一，结合预习主动听。预习中有疑惑或搞不懂的地方，就是学生上课时最需集中注意力好好听课的地方。

第二，课程首尾主动听。有经验的教师在每节课的开头，都会提纲挈领地讲这节课的主要内容及其结构，以及学生要达成的目标，而这节课结束时，又会总结这节课的核心要点，再把这节课的知识总结一遍，此时学生要初步自我评估是否达成了学习目标。

第三，课程中间必回应。教师上课时会提问或布置讨论任务等，虽然教师常点名提问个别学生或在讨论时跟少数学生交流，但学生要把所有的问题或任务都当作是给自己的专项任务，无论教师叫不叫自己回答、跟不跟自己交流，都要回应每一个问题和任务。可以主动回复提问，也可以无声交流。甚至，主动告知教师自己没听懂也是一种回应。学生只要上课全程具有回应意识，课程的投入度、学习和思考的深度都会提高，学习效果也会更好。课程中间必回应，是学生自主承担学习责任而非教师硬性灌输的体现。

第四，听课时不懂的问题要及时问、及时清。如果每次遇到不懂的地方就得过且过，那积累的疑惑就会越来越多，再学后面的新知识就会越来越难，也就容易放弃。建议教师在班级里准备一个"问题盒"，方便那些不好意思当面提问教师的学生把问题写下来投放到问题盒中，教师可选择书面回答，也可让学生之间互助解答，还可作为上课素材当众讲解。

4. 写作业

很多教师都不解，为什么有些学生作业写得很好，一到考试就不行。想一想学生写作业的场景，大概就能理解为何会出现这种情况。通常学生写作业时左边是课本，右边是作业，一旦遇到不会写的字、不会解的题，就边翻课本边写。一个很复杂的字，反复看了三遍书才写好。作业是正确的，但是如果要问学生自己是否会写这个字，想必答案是否定的。

再来想一想教师评价学生作业的标准。很多教师都会说自己喜欢字迹工整、正确率高的作业，如果哪位同学错误连篇，一定会被批评。可是布置作业的目的到底是什么？一方面是为了让学生巩固所学，另一方面是让学生暴露出学习的薄弱之处，以便为教师提供学情。如此看来，教师就不能仅仅要求作业的正确率，而是要根据学生的作业情况来及时调整自己的教学，这才是真正的以学习为中心。科学的写作业流程如下：

第一，先复习，巩固所学。如果不复习，边写作业边翻书，就算把作业写对了，也没有真正掌握知识；如果不复习，当天学的新知识已经遗忘了一大半，写作业不顺畅，学习的感受也不佳。因此，写作业前，应先把本科目当天的学习内容复习一遍。把重难点、易错点重新梳理一遍。所有的学科都一样，基础知识掌握透彻了，学习就没那么难。

第二，远离学习资料，防止学习依赖。在写作业之前，将与作业相关的课本、笔记等学习资料装到书包里或收到抽屉里。自制性不强的学生，还可以交给家人暂为保管。

第三，规定时间内独立写作业，展示真实学习水平。把写作业当成考试，不翻书、不查找资料、不问同学或家长、不上网搜答案。只有这种写作业的方式才能够检测出学生学习的真正水平。

第四，对比参考资料，进行自我评估和修正。写完作业之后，学生可以对比参考资料，并据其进行自我评估，看自己哪道题做得正确，哪个知识点掌握得还不错，标注出哪些题自己做错了，哪些自己无法判断对错。错误的题中有哪些是自己会修正的，哪些是自己需要寻求教师或同学的帮助才能解决的。作业自我评估单（表5-5）是一个不错的评估工具。学生可在相应的空格内画对勾，这样有助于教师一目了然地了解学生的掌握情况，还能根据不同题目的正确率和修正率来判断学生对学习目标的达成情况。

表 5-5 作业自我评估示例

题号	正确	错误	可自行修订	不会
1	√			
2		√	√	
3		√		√

续表

题号	正确	错误	可自行修订	不会
4	√			
5	√			
6		√		√

第五，求助教师或同学，解决疑惑。作业中那些未能自己解决的疑惑，第二天学生要主动求助教师或同学，直到弄懂。教师一定要展现出耐心及开放心态。如果学生感觉教师不喜欢自己提问，他们就不敢在作业中展现自己的真实水平，更不会主动求助教师，这样又如何能保障学习水平的提高呢？

我之前读到过一位哈佛学霸分享的故事。她在哈佛大学上计量经济学课程时，教授为300个学生配备了7名三年级博士生做助教。她就同一个问题咨询了7位博士生，自己也由完全不懂那个问题摇身一变成为了那个问题的"专家"。我不禁感慨：原来高手是这样学习的！

请老师们记住，作业是为了帮助你收集学生学情的，不是为了证明你教得多好的。所以，不要惧怕学生在作业中暴露出的各种各样的问题，而要怀着一颗觉察之心调整自己的教学方法、教学内容和教学重点。

5. 正确对待错题

对学生而言，题做错了不是问题，不正确对待错题才是问题。教师要引导学生正视错题，把错误当作成长的契机，一个打败错题、战胜错题、提高学习水平的契机。那么，应该如何应对错题呢？

（1）错题原因往往有以下六种。

一是知识掌握不牢导致"确实不会做"；二是审题不仔细，理解错了题目要问的是什么；三是错误地认为是之前熟悉的题型，没仔细看完题干、疏忽了题目的变式／陷阱，便想当然解题；四是因紧张而发挥失常，原本会做的也错了；五是会做，解题过程也没问题，写答案时笔误导致丢分；六是填错答题卡导致失分。

（2）根据错题原因来确定应对策略。

如果错题原因是一，那就需要学生再次确认未掌握的知识点到底是什么；立刻找课本或其他复习资料再次学习该知识；尝试用自己的语言解释该知识；如果解释不出来，主动请教老师或同学，不要害怕丢脸；如果是记忆类的知识点，想办法多记几遍，没有捷径。

如果错题原因是二和三，那就需要学生再精读一遍错题的题干，把自己之前误读或漏读的信息用红笔标记出来；总结易混淆知识点、试题变式等，比如数学里的计量单位不统一、英语里的前后时态变化等，最好打印出来贴到显眼的地方，没事就看看，形成条件反射，预防错误。

如果错题原因是四，那就需要学生在平时多做自主测试，比如在平时做作业的时候就以模拟考的方式要求自己，只在写作业前复习，一旦开始写作业就计时且不查找资料，训练自己参加考试的稳定状态。还可以训练自己在多种场合下学习，比如有些嘈杂的咖啡馆、家里开着电视的情况等，因为有时候考场并不安静，而学生需要学会把一些声音当作白噪音，聚焦自己的学习。

如果错题原因是五和六，那就需要学生在考试时多检查，并在做题的时候做一些辅助工作，比如用铅笔在答题卡上备注5、10、20题的位置，这样就能避免涂错答题卡。或者用铅笔在题干的关键字眼上做标记，保证自己能读清楚题。

（3）快捷记录错题。

错误原因一、二、三的试题，建议学生整理在错题本上，用于多次复习巩固。在错题本上，只需记录错题，不记录答案。简单的题可以抄一下题干，复杂的题目可以直接标注题目出现的位置，比如数学练习册第三单元第五题。也可以利用蜜蜂试卷APP等快速拷贝、打印错题。如果把错题本变成机械的摘抄会增加学生的负担。错题本的意义是学生记录自己跌倒的地方，至于如何爬起来还是要让学生自主思考。所以，不记录答案，便于学生复习的时候总结、巩固。

（4）反复复习错题。

将某道/某批错题整理进错题本之后的24小时、一周、两周后，反复复习错题，完整重做一遍，直到完全正确。连续两次都答对的错题，就可以在错题本上划掉。连续两次都无法答对的错题，学生就需要再次梳理相关知识点，或直接请教教师或同学。一定要让学生明白，错题就是用来学习的，如果记录了错题但是后续并无复习，那就没有发挥错题的价值，记录也就没有意义了。

第六章

学习活动设计：承载学与教的功能

一、问答类学习活动设计

问答活动是教师课上最常用的学习活动，反而也是教师最常犯错之处。越是简单的问答，越是需要教师精雕细琢。

1. 问答类学习活动的常见误区

教师太爱提问了，但教师提问往往多而无效。一般情况下，教师每天要提出上百个问题，其中大多数都是低水平认知类问题、事实回忆类问题，还有一些类似"听懂了吗？""对吗？"的口头禅问题。教师认同提问能够促进和维持学生积极参与、激发兴趣，有助于确认学生是否跟上教学进度。但是事实上，大部分问题并没有起到这样的作用。

教师上课提问，喜欢说"会的同学请举手"，然后教师再从举手的学生中选择一位来回答，那么请问不会的同学怎么办呢？当教师把目光投向"会解答"的那几位同学，就会忽略更多"不会的"同学。然而，教学正是要把那几个"不会的"同学教会了，才显出教师的教学真本领。

一般情况下，一旦教师说"会的同学请举手"，那些不会的学生就会进入没压力、没保障的状态：既然谁会谁解答，不会的就不需要为这个问题负责了，没压力；因为不需要解答，就只负责听解答了，听别的同学分享虽说也是一种学习，但很有可能听的时候觉得会了，转身自己就无法解释，也无法应用，学习效果没保障。

教师在挑选学生回答问题的过程中也常进行"伪互动"，他们善于甄别哪些学生知道答案，哪些学生不知道答案，他们会选知道答案的同学来回答以维持课堂的进度，真正留给学生思考的时间非常短，而且那些知道答案的学生回答问题的速度比较快，这就会让需要更多时间思考的学生陷入艰难的境地。

有的教师关注了那些不会的同学，所以常说"谁还不懂就提问""有问题的同学可以课下联系我""如果还不会就问问身边那些会的同学"……听起来这些话一点毛病都没有，但如果把自己代入那些"学不会"的同学就知道问题在哪儿了。

一般情况下，能学会的、爱学习的同学问题才多。愿意问问题的学生都是对知识有很多了解，也愿意继续探求的学生，而越不会的学生越不爱提问，既怕别人知道自己不懂，也怕提出的问题太简单被笑话，还怕因教师已经讲了好几遍还不懂而被批评。

2. 提问方法

若想避免以上这些提问误区，教师可参考以下几种方法。

（1）逆向提问。

比如，一般教师会问"中国共产党建党是哪一年？"这种提问方式考查的是学生的事实性记忆，属于机械记忆。但是用逆向提问可以问"中国共产党建党为什么是在1921年，而不是1920年，也不是1922年？"这个问题能够帮助学生去查找历史史实，去看在1921年左右发生了什么事件、当时社会是什么样的背景、有什么样的冲突、有什么样的契机，等等，最后就把与中国共产党建党相关的人物、事实、任务、使命等都串联起来了。

（2）假设提问。

假设提问就是假设情境，让学生在情境中综合运用所学知识。比如，假设学生是某个人物或文中的某个角色：如果你是皮亚杰（认知主义的代表人物），你将如何向华生（行为主义的代表人物）介绍你的观点？如果你是阿Q，当哭丧棒打向你的时候，你会怎么做？为什么？假设你是辛亥革命时期的一个农民，辛亥革命前后，你的生活会发生怎样的变化，为什么？

再比如，假设学生穿越到某个年代或某个场景中：如果你是祥林嫂的邻居，你会对祥林嫂说什么？如果你是一名记者，你将会怎样报道祥林嫂的事件？如果你进入大观园，你将会与红楼梦中的哪个角色成为好朋友，为什么？如果你是一名导游，你将如何向游客介绍三峡？

假设提问没有直接提问"认知主义的观点是什么""阿Q的性格特征是

什么""如何分析祥林嫂的人物形象",这些直接的问题既少了些趣味性,也容易导致学生仅仅背诵事实类知识,缺少自己的理解,而假设提问让学生以"身临其境"的方式,系统思考、整合所学知识,形成自己独特见解。

(3)冲突提问。

教师可以刻意制造认知冲突引发学生思考。

比如,教师在教"圆的认识"时发问:"你们见过的自行车轮是什么形状的?有正方形、三角形的车轮吗?为什么?那么椭圆形的行不行?"

再比如,教师在教《龟兔赛跑》时可以发问:"乌龟没有兔子跑得快,为什么乌龟反而比兔子还先到达终点?"

(4)拓展提问。

拓展提问是指教师提问的内容不局限于当下所学的内容,让学生联结之前学过的其他知识。通过拓展提问,让学生想得更深、更广,有效地促进学生思维能力的发展,达到知识融会贯通的目的。

比如,学习了杜威的教育思想之后,可让学生思考:杜威强调"做中学",这体现了怎样的教学观?还有哪位教育思想家与杜威有相似的观点,他是如何表述的?对你的启发是什么?

再比如,学习了《卓越的科学家竺可桢》中竺可桢持之以恒的精神后,可让学生思考:哪些名人身上也具有这种精神?能具体说说他们的故事吗?

(5)替代提问。

替代提问是鼓励学生用不同的方法或概念重新表述和解答,是拓展学生思维的一种方式。比如,解决这个问题,除了这个方法之外,还有没有其他视角和方法?再比如,如果给"唯物主义"另起一个名字的话,可以是什么?

3. 启发问答

当教师提出问题后,为了让学生能够顺利提取信息、思考并回答问题,教师需要启发学生回答问题,这有助于支持或强化学生关于自身能力的信念,使学生明白他们的成功源于自己的努力和能力。启发问答包括三个步骤：微笑等待、积极倾听、引导启发。

（1）微笑等待。

当教师提问后，需要保持微笑并等待学生回答。等待时间是指教师提出问题后，要求学生做出回答之前的那一段课堂静默时间，或者是某位同学被提问后，暂时回答不出或回答错误后教师给学生的思考时间。令人遗憾的是，大多教师对等待时间没有正确的理解。课堂静默给教师的压力太大，导致他们常常想方设法缩短等待时间。

有研究显示，高中教师平均等待时间为1秒多，小学教师的平均等待时间为3秒[①]。对于信息提取慢的学生，这些时间远远不够。许多学生可能知道正确答案，但这些答案储存在长时记忆中，需要时间进行提取。如果教师不给予足够多的时间，那么学生会在教师叫起第一个同学回答问题的那一刻，就停止了提取进程，放弃了再学习的机会。提取慢的学生可能有更好的想法，但是他们大部分人都不会积极思考，因为他们很少有机会分享自己的想法。如果教师愿意把等待时间延长到5秒或更长时间，那么学生回答的内容和质量会提升，学习慢的学生能更多地参与，学生会使用更多的证据支持自己的观点，会有更多的高级思维反应，学习快的学生也能进行更深层次的思考。如果没有经过等待时间，教师就认为学生不能回答而自问自答或找下一个同学回答，那就剥夺了学生自我探索的权利。

微笑是最简单却又容易被忽视的因素。大部分教师并未察觉到自己的严肃，因为教学是个认真的事，人一旦认真、聚精会神的时候就容易严肃而又不自知。可是没有表情的凝视容易让学生紧张，所以，教师提问时，请保持微笑。我的经验是，先把嘴角微微扬起，再开始讲话。教师也可以对着镜子练习微笑。

当年博士入学面试时要求我随机抽取一道专业题作答，我一看题，大脑一片空白，直接缴械投降，说："对不起，各位老师，我没准备好。"当时有一位面试老师笑意盈盈、缓缓地说："别着急，你再想想。"一下子就让我的

---

① 金才兵，陈敬. 好课程是设计出来的［M］. 北京：机械工业出版社 .2015.

紧张缓和了下来，我定了定神，真的回忆起了答案，也顺利考上了博士。

这个故事也说明，老师的微笑和等待对于学生的启发非常有价值。

（2）积极倾听。

在学生回答问题时，教师要积极倾听，这能为学生提供安全的课堂环境。倾听是对学生的尊重，且能够为其他同学学会倾听做好榜样。积极倾听需要做到以下三点：

- 目光交流。教师的目光要始终注视回答问题的学生。
- 积极回应。教师可以通过简单的语言或肢体动作给予学生鼓励和肯定，示意学生勇敢表达自己，如"嗯""是的""很好""还有呢？"等语言，或点头、竖大拇指等动作。
- 不打断、不干扰。完整听完学生的回答后再进行总结、提示、反馈等，中间不要打断。

我上初中时，遇到一位非常善于倾听的郝老师。那时候我对自己的声音非常不自信，总感觉自己说话像个男生，回答问题声音很小。同学们听不到我的声音，便开始窃窃私语。大家说话声音越大，我越紧张，声音越小。郝老师走到我身边，稍微俯下身，距离我很近，竖着耳朵仔细听我讲。我讲完后，郝老师问大家："有谁能说一下她刚才怎么回答的？"大家都异口同声地说："声音太小，没听清。"郝老师没有批评任何一个学生，她只是微笑着说："我知道她怎么回答的，她说……"最后郝老师说："只要我们愿意倾听别人，再小的声音也能够被关注到，只要我们被人尊重，我们的声音就会越来越大，我相信你们，会听也会说！"

那一天的郝老师，闪着光环，温暖了我，也帮助同学们理解了积极倾听的含义。这么多年过去了，我仍然记忆犹新。

（3）引导启发。

引导启发建立在教师积极倾听的基础上，只有倾听后才能判断学生需要何种引导或启发。

当学生曲解问题时，教师可重新阐述问题，并请学生复述问题；当学生完全答不上来问题时，教师不要直接放弃转而让其他同学回答，可以降低问题难度，或提供问题支架，或允许学生与小组同学探讨一分钟；当学生部分回答正确时，教师要肯定他回答正确的部分以及他所表现出来的特征（比如声音很洪亮、关注到了问题的某个细节等），并引导学生重新思考，必要时也可提供问题支架，或允许学生求助同组其他同学等；当学生回答正确时，教师要肯定学生并进行总结归纳。

总之，提问的目的不是判断学生对错，或者将学生分成三六九等；也不是为了听到正确回答，以便课程顺利地进行；提问的目的是促发学生思考，帮助学生理清模糊的地方，并给予及时的指导和教学启发。所以即便是学生当下不能顺畅地回答出问题，也不要立刻放弃，因为对一个学生的引导、启发，同时也引发了班里其他同学的思考。教师与学生之间的一问一答也属于教学道具，是教学的现场生成资源，这也是为何教师提问时引导启发环节如此重要的原因。

4. 用问题回应学生

（1）用问题回应学生的回答。

有时候，教师课堂提问话音刚落，某些学生已经将正确答案脱口而出。这种情况下，教师也可以通过对"正确答案"刨根问底来引导学生进一步深入思考。

例如在学生讲了一点之后，可先利用拓宽性的问题鼓励学生多表达自己的思考，继续追问："还能再多谈一些吗？""你能再多解释一些吗？"再利用深度性的问题，挖掘学生在某个点上的具体见解。例如：

- 你为什么会持这种观点呢？
- 你能举个例子或用个类比来解释一下吗？
- 关于这一点，你能用三个关键词来解释一下吗？
- 当你这样说时，你的假设前提是什么？
- 如果改变××的话，你觉得会出现什么样的情况呢？

用问题回应学生回答的方式，好处在于教师能够有机会听到学生的想法，了解学生对当前知识点的理解程度，同时，还能够帮助学生将新学习的内容与之前理解的内容联系起来。

（2）用问题回应学生的提问。

面对学生提问，教师可以反向提问学生：

- 解决这个问题大概需要几步？
- 你觉得你卡在哪儿了？
- 如果要想解决这个问题，你觉得最先要解决什么？
- 你觉得可能的解决方法有哪些？

用问题推动学生自主思考，而非直接给答案。因为给答案对学生而言不是思考过程，而是记忆过程，可是遗忘速度太快了，很难留痕。通过反向提问，一步步引导学生直至找到解答问题的线索和方法。

教师也可以提问另一个学生。只有学生才了解学生。一个刚搞明白问题解决策略的学生最知道如何用同学听懂的语言解释，一个暂时还解释不明白的学生在尝试解释的过程中可能会逐渐明白。所以，教师只需要微笑着转向另一个同学，问：

- 关于这个问题，你有什么好的思路吗？
- 如果你是他的老师，你会怎么帮他搞清楚这个问题呢？
- 为了帮助他解释清楚，你觉得可以借助什么工具？

（3）及时总结确认。

学生对问题的回答可能包含大量散乱的信息，教师需要及时帮助学生总结归类，并确认自己的理解是否准确。在总结时，尽量使用学生用过的词语，这会让学生感受到你在用心倾听他的回答，也便于其他同学能够听懂。教师也可以采用"相互总结"的方式，即让B学生总结A学生回答的要点，再让A学生回应B学生是否准确理解了他的想法。这种方法也能培养学生自主学习的能力，尤其是分析和总结的能力。

教师总结之后，也可以肯定学生对课堂的贡献，说："你提的这点特别好，值得咱们继续探讨。""哇，这一点是我之前都没有想到的，你这个提议太妙了！"除此之外，还可以将学生的回答与其他学生的评论联系起来，或是把学生观点的关键词写在黑板上，这是对学生的尊重，也会让其他学生更明确刚才同学都回答了哪些内容。

5. 随机提问

通常当教师提出一个问题之后，一些学生通过举手来表明他们知道答案或者他们对于回答问题充满信心，但是"举手之后回答问题"这一惯例会让我们忽视那些没有举手的学生。他们是不自信，还是对问题不感兴趣、懒于思考？他们是不知道答案，还是缺乏分享想法的动力？所以，不如取消"举手回答问题"的规定，采取随机提问的方式。

既然是随机，那就会让每位学生都觉得自己需要承担起回答问题的责任，这是增加教师提问意义的方式之一。这样，既可以让那些学习尚可但是因不愿当众表达而不举手的学生发言，也可以让那些平时不爱思考、不知问题答案的不举手的学生参与思考。以下是几种随机提问策略。

- 使用随机摇号器等微信小程序或学习通等学习平台的选人功能，随机抽取学生学号。
- 创建 PPT 文档，每页 PPT 上有一位学生的照片，快速播放 PPT，并随机喊停。
- 在冰棒棍上写上学生的名字，把它们放在盒子里随机抽取。
- 折一只纸飞机，扔向学生，纸飞机距离谁最近，谁来回答问题。
- 教师闭上眼睛，挥舞手指指向不同的方向，让一个学生喊"停"，由教师手指最后指向的学生来回答问题。
- 学生点名方式，即让一个学生点名叫另一个学生回答问题或者让学生说几排几座的学生回答问题。

总之，随机提问能够使最基本的课堂任务变得有意思，同时能激发学生的参与热情。但须注意的是，虽说是随机提问，但是有时候也要假装随机。比如，记录学生回应问题的情况，对那些一直没有被随机抽到的学生，要假装随机选到他回答；对那些已经被随机抽到过的学生，他们常常以为不会再轮到自己，也可假装随机再次选到他回答。

6. 教师自我监控策略

一般教师都认为自己对学生一视同仁，认为自己在课堂上会给予所有学生相同的互动机会。自我监控策略有助于教师觉察自己是否在教学时有所偏向。

教师可以画一张教室提问统计表（表6-1），利用画"正"的方法统计每个学生的发言次数。教师也可以设计具体的符号，表示学生的课堂学习行为，如利用符号"？"表示该生在发言中出现问题；利用符号"★"表示该生的发言得到了教师的表扬；利用符号"↑"表示学生走上讲台解决问题或为同学们讲解；利用符号"×"表示回答问题出现错误或不甚恰当的情况。

表 6-1 提问统计表

班级： 课程： 周次：

	第1列	第2列	第3列	第4列	第5列	第6列
第1行						
第2行						
第3行						
第4行						
第5行						
第6行						

若教师无暇统计课堂提问情况，那么也可以委托学生轮流负责记录，每个学习小组或者每个同学负责一节课。若教室内的学生人数较多，也可以尝试绘制教室分区座位图，并进行分区提问（见表6-2）。

表 6-2 分区提问统计表

班级：　　　　　　课程：　　　　　　周次：

	第1列	第2列	第3列	第4列	第5列	第6列
第1行	第1区		第4区		第7区	
第2行						
第3行	第2区		第5区		第8区	
第4行						
第5行	第3区		第6区		第9区	
第6行						

若在以小组合作学习为主要教学形式的课堂环境下教学，则可以使用合作学习课堂提问统计表（图6-1）。用画"正"的方法记录坐在多边形每个顶点位置处的学生的发言次数，也可以用具体的符号，表示学生的课堂学习行为。

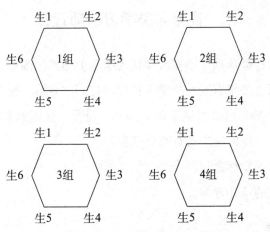

图 6-1　合作学习课堂提问统计表

若是流动的教室，学生没有固定的座位，也可以设计学号提问统计表（表6-3），记录一段时间内的课堂提问情况。如果教师觉得上课时记录有些困扰的话，可在每节课后，让学生自主汇报给学委，或者汇报给小组长，小组长统计后再汇报给学委。

表 6-3　学号提问统计表

班级：　　　　　课程：　　　　　周次：

学号	姓名	第一节课	第二节课	第三节课
01	××			
02	××			
03	××			
……	××			

统计表的作用是便于教师监控、管理自己的课堂提问数据，从而引导教师尽可能地面向全体学生提问，最大限度地消除"被遗忘的角落"。我利用这个方法记录了自己的课堂。说实话，不记录真不知道自己忽略了多少学生。这个方法除了可以作为教师自我监控的策略以外，也可以作为同行评课的观察工具，以提供客观的统计数据。

二、高参与类学习活动设计

什么是高参与类活动？很多教师认为课堂上热热闹闹的就代表学生在参与学习活动。通常班里有五六个学生积极回答问题就给人感觉很热闹了，如果有更多的学生参与进来就感觉更热闹了。可是，热闹常常只是假象而已，不代表高参与，真正的高参与有两个要素：

第一，全体同学都参与。

第二，高度的认知参与。

1. 代币答题

有些教师为了激发学生上课互动的热情，会给予学生一些积分奖励。比如参与回答问题积 1 分，问题回答得好再积 1 分等。这种积分方式往往只能激励那些在乎积分的学生，如果不在乎积分的话，学生也就不会为了积分而积极参与学习。

代币答题则是反向应用积分的策略。比如一周给每位学生 5 枚答题代币。答题代币可以是硬币，也可以是教师或学生自己制作的一些写有学生名字的圆形卡片。学生每次回答问题时必须上交一个代币，在一周内必须使用完答题代币，且不允许学生之间互相赠送答题代币。如果学生在一周内上交了所有的答题代币，在教师决定重新分配代币之前，可酌情考虑是否允许他们再回答问题。

代币答题活动使得每一位学生都有回答问题的机会，这意味着没有人可以在课堂上占主导地位，同时，也可以增加每一位学生都参与答题的可能性。

2. 黑板解题

随着信息技术的发展和应用，黑板已经越来越少地被应用。其实，黑板的效用有时不比多媒体软件差。信息技术工具也好，黑板也好，它们的应用应取决于教学设计的需求。黑板解题的流程如下：

（1）教师先布置一道思考题。

（2）邀请多位学生到黑板上解题，如果教室前后都有黑板，可以都利用起来。智慧教室中一般会有多块白板，也可以都利用起来。假设教室前后有两块黑板，那就可以安排 8 位同学在黑板上解题。其他同学在练习本上解题。

（3）在黑板上解题的同学完成题目回到座位上后，再安排 8 位同学负责批改，这样就可以关注到 16 位同学。

（4）批改完后，教师就解答和批改情况进行总结或针对性教学。

学生在黑板上答题期间，教师可以将注意力转移到在座位上练习的学生，可以即时批阅学生的答题。如果教师能关注 10 位学生，那么，在解决一道题的过程中，他就可以关注到 26 个同学。如果教室内有视频展示台，那么当黑板上点评结束后，教师在总结或讲解的过程中，可以再展示部分学生的解答情况。假设教师又展示了 4 位学生的解答，那么，一道思考题就可以帮助教师关注到 30 位学生，就可以促进 30 位学生的积极参与，何乐而不为呢？

黑板解题的关键是教师要能够提供一道好的思考题，学生答题的正确率能反映学生对知识点的理解和整合情况，学生答题的速度能反映学生对知识掌握的精准度和流畅度。教师也可以布置一些开放性的任务，比如在英语课上，请学生用某时态造句，然后请其他同学改写为另一时态。值得注意的是，相对于教师讲解而言，黑板解题需要花费更多时间，但更能保证学生全员参与思考，学习的深度也更能保证。

3. 出入纸条

出入纸条是写着问题或学习任务的纸条，问题或学习任务与当堂课所学习内容相关。当学生进入教室时，或者在一堂课开始之前，给每位学生发一张纸条。纸条上的问题或学习任务可以是相同的，也可以各不相同。

收到纸条之后，学生需要立即思考纸条上的问题或任务，认真参与课堂学习，并尝试解决纸条上的问题或学习任务。在课程结束时，学生将写着问题答案或任务完成情况的纸条交还给教师。

如果学校有信息技术条件，教师也可以不用纸条，取而代之的是通过线上平台来完成整个流程。教师在课程伊始通过线上平台给学生发送问题或任务，待确定学生接收到问题或任务之后再组织课堂学习，同样，在下课前，学生须在线上平台解答问题或完成学习任务。

出入纸条活动既是一个有效的课堂导入策略，也是促进学生全员参与的策略，同时它能够以问题或任务作为驱动，协助学生聚焦课程的目标和重点。有目的地听课和学习，其效果要好过漫无目的地学习。

4. 匹配问题与答案

通常情况下，教师上课提问，然后抽选学生回答问题。无论教师如何选人回答问题，都可能会忽略另一部分人。匹配问题与答案活动旨在让所有的学生都不回避对问题的思考，其流程如下：

（1）将全班同学分为两组。比如，全班40人，每组20人。

（2）教师准备好班级人数半数的问题和答案。将每一个问题都分别打印在一张纸上，将每一个答案也都分别打印在一张纸上。按全班40人算，那就会有40张纸，分别印着20道问题和20个答案。

（3）每个学生都随机抽取一张纸，这样一半学生拿到问题，一半学生拿到答案。

（4）让学生自行配对，匹配问题与答案。

（5）核查匹配结果，对匹配不正确或未匹配的问题组织全班讨论或进行全班讲解。随机抽取匹配成功的同学，让其进行问题讲解，以确定学生的思路是否正确。

当学生自行匹配问题与答案时，教师会发现随之而来的是大量的讨论、分析和质疑，学生之间也会相互帮助和答疑。教师只需在此过程中巡视教室，必要时给予帮助和指导。若想顺利实施"匹配问题与答案"，教师还需注意以下几点：一是问题的设置尽量同质化，难度、复杂度、所考查知识点等都相似，这需要教师下功夫研磨问题；二是允许学生离开座位在教室走动，只有这样才便于学生交流、讨论，并最终匹配成功；三是要随机抽取学生分享，可以让未配对成功的学生分享自己的疑惑，也可以让配对成功的学生分享解题思路。

匹配问题和答案活动还可以有很多变式。第一种是把它变为多米诺问题和答案，也就是每一位学生都会拿到一张含有问题与答案的卡片，但是自己卡片上的答案对应的是别人卡片上的问题，这样就可以创造出一条问题与答案的关系链，并把所有学生都引入其中。比如学生A念出他的卡片上的问题A，其他学生辨别自己手中卡片上的答案是否是问题A的答案，如果是，说出问题A的答案（假设是学生B），如果不是，不做声。说出问题A的答案之后，学生B再念出自己卡片上的问题……以此类推。在这个游戏中，每一个学生都要集中注意力听问题，然后辨别自己卡片上是否是匹配的答案。

第二种变式是把匹配与检验相结合。教师制作小卡片，卡片正面是题干，背面是答案。卡片有5种，代表5道思考题，每种卡片都标有题号。每位学生只拿到1种卡片，并先记住自己的题干和答案，然后让他们去跟其他同学配对检验。先说出自己的题干让对方答，然后再跟对方一起检验答案，之后再接受对方的提问和检验。最后双方各自在对方卡片上签上自己的题号。如此下去，直到每位学生都能集齐5个题号，表示5道题全部通过。

匹配活动本身就是一种社会性活动，可满足学生的社交需求，保证学生主动投入和参与，而在匹配的过程中必然会伴随着对问题答案的交流和探讨，这也是认知参与的过程。除此之外，匹配活动还要求学生身体的移动，这本身也会激发学生的参与意愿。

5. 辩论赛

辩论是一个很有趣的学习活动，它让辩论双方都可以针对辩论主题发表自己的观点。课堂中的辩论最关键的是教师能够提出一个适当的辩论主题。比如，数学主题"既然计算机如此便捷，我们还有没有必要学习长除法？"为什么要举这个例子？因为是我自己的一段经历。

我曾经参加首都师范大学的博士招生考试，其中一门考试科目考查"实验心理学"和"心理统计学"，分别占70分、30分。在备考时，我没见过原题，只是靠我自己的猜测，想当然地认为博士阶段考查的理应是统计思维，比如在何种条件下采用何种统计方式。当我以为自己做好了充分准备的时候，一到考场就傻了眼，因为30分的"心理统计学"部分都需要用带统计功能的计算器，而我并没有准备。那门考试，我考了67分，"心理统计学"部分0分。

我想，如果我在此之前能够搞懂"在SPSS如此便捷的情况下，为何还要求会用计算器进行统计"，或许我就不会那么狼狈。辩论赛可以起到类似的作用，让学生明确为何要学习这个主题，这其实也是对学生学习动机的激发。

除此之外，一个适当的辩论主题也可以激发学生对学习内容的探讨。比如，在《祝福》一课中，教师可以提出辩论主题"到底是残酷的现实还是悲剧的性格造成了祥林嫂的悲剧？"；历史课上，教师可以提出辩论主题"中法战争是否造成了中国不败而败、法国不胜而胜的局面？"；地理课上，教师可以提出辩论主题"河流上游该不该建大坝？"。辩论主题既要是核心知识，又要有可辩性。当然，辩论主题也可由学生提出。

一般正反方都各有 4 个人，那参与辩论的学生只有 8 个人，这很容易造成班里只有 8 名学生深度参与的情况。但是我们可以改一下规则和流程，具体如下：

（1）提出辩题后，将全班学生分为 8 组，4 组为正方，4 组为反方。

（2）让学生在规定时间（15~20 分钟）内进行小组讨论，为自己所代表的观点搜集资料、整理辩词。

（3）每个小组推选一名代表作为辩手，分别组合为正方和反方代表队。给 5 分钟时间让正反方代表队做辩论准备，其他学生继续在自己的小组内讨论。

（4）先请正方一辩做立论发言，时长 2 分钟，然后请反方一辩做立论发言，时长也是 2 分钟。双方发言完毕后，其余学生可重新选择支持正方还是反方（支持正方的坐在教室左侧，支持反方的坐在教室右侧）。

（5）正反方二三辩进行攻辩，每方时长 5 分钟。攻辩结束后，其余学生可再一次重新选择支持正方还是反方。

（6）先请反方四辩做总结陈词，时长 1 分钟，然后请正方四辩做总结陈词，时长也是 1 分钟。双方总结完毕后，其余学生可再一次重新选择支持正方还是反方。

（7）教师组织学生做辩论总结。

组织辩论赛，教师需要特别注意两点：第一是先分组讨论，这是让所有学生都置身其中的方式；第二是在正式辩论的每一个环节都允许其余观看辩论的学生重新选择支持正方或反方，这也是一种全体认知参与的方式。

在实施过程中，辩论时间可根据具体情况进行调整，部分步骤（比如前三步）也可放在课下进行，最后也可以预留几分钟让观看辩论的学生发表自己的观点。

6. 快速辩论

很多教师会觉得组织一场辩论赛很复杂，用时太长，也因此望而却步。

快速辩论可解决这些问题。快速辩论流程如下：

（1）提出辩题后，将全班学生分为两组，并说明其中一组学生代表正方，另一组学生代表反方。比如班里 30 人，正方 15 人，反方 15 人。

（2）将学生分为 3~4 人的小组（为节省时间，可就近结组），比如每组 3 人，正方为 A、B、C、D、E 五组，反方为 F、G、H、I、J 五组。

（3）给学生 10 分钟的时间进行小组讨论。

（4）10 分钟之后，每个正方小组成员都寻找一个反方小组成员结对，如正方 A1（代表正方 A 组 1 号同学）与反方 F1 结对。正方的学生先发言，并用 1 分钟的时间陈述自己的论点，反方倾听。接下来反方陈述，正方倾听。正反两方学生进行 1 分钟的自由辩论。

（5）时间一到，两人组中的一人起立，找一个新的搭档，然后重复这个活动。

（6）重复 2~3 次后，教师组织学生做学习总结。

快速辩论又可以称为配对辩论，它的核心就是让学生两两结对进行辩论，并在每轮次辩论结束后换人重复配对辩论。看起来六个步骤也很繁琐，其实前两个步骤都是为学生两两结对作准备，这两步可在课前就完成，也可作为一段时间内的固定分组。若想组织好快速辩论，教师还需要注意四点：第一是分组和结对，这是为了保证所有学生都参与辩论；第二是辩题，快速辩论的辩题不宜过大，否则在短时间内无法做到越辩越明；第三是时间，教师要提醒学生控制时间；第四是轮换，跟不同的同学进行快速辩论，便于学生听到不同观点。

7. 互教互学

教是最好的学，这已作为共识被广大教师所接受。这也是费曼学习法的精髓——以教促学。互教互学活动基于费曼学习法，拓展了"教"与"学"的场域，让更多的学生参与"教"，也让更多的学生参与"学"。互教互学的流程如下：

（1）小组学习。将全班同学分为 4 人小组，为每个小组布置一个不同任务，解答不同的问题，或者研究不同的内容，比如不同概念的含义、不同时态的用法。规定每个小组完成任务的时间，时间长度根据任务的难度来确定。教师在小组完成任务的过程中，巡视班级，并为需要帮助的小组提供指导。

（2）小组互教。规定时间到了之后，每个小组派一名代表，携带本组笔记去另一个小组，在规定时间内教这个小组的组员他们组所学到的东西。在教的过程中，允许学习小组提出问题，相互促进。教师在小组互教的过程中，巡视班级，并为需要帮助的学习团队提供指导。

（3）小组轮转互教。规定时间到了之后，各个小组代表继续到下一个组，重复步骤2，直到教完所有的小组，这样班里每一位学生都有机会了解每一组的学习任务。

（4）学生做总结或提问。可以让学生把自己还未解决的问题写在便利贴或者纸条上，交给教师。教师根据学生的问题调整下节课的授课内容和授课方式。

可能有些教师会认为互教互学只是促进了负责"教"的学生的学习，因为每教一次就更深入地学一次。其实，并非如此。互教互学是让学生教学生，学生之间的思维相似性较高，刚刚弄懂某个知识点、解决某个问题的学生更了解遇到类似学习情境的学生，教与学的沟通也可能更顺畅。除此之外，他们的沟通也更能暴露出学习过程中遇到的困难，既能促进学生之间的相互探讨，也便于教师了解学生，并给予针对性的指导。

组织互教互学活动，关键是教师要安排好让哪位学生作为小组代表来负责"教"。首先，小组代表要有"教"的能力，既对任务有一定的熟悉度，又要有一定的表达力；其次，因为每组负责"教"的学生代表全程只聚焦一项任务，所以教师需要确保这些代表会在自习课或放学后的时间自主探究其他任务，或者他们已经搞定了其他任务。当然，在必要时，教师也须对这些小组代表进行指导和帮助。

为了让更多的学生体验"教"，教师也可在第（3）步时更换小组代表，让每个学生都有机会作为小组代表来行使"教"的权利。不过如果采取此种方法，教师须多关注各轮次的互教互学情况，尤其关注在"教"的过程中遇到困难的小组，并在必要时给予指导。教师也可寻找几个小助手帮助指导。

8. 拉伸复习

在课程结束时，可利用拉伸复习来做课程总结。这是一种将身体动作融入课程学习的方式。尤其在学生学习一段时间后，已经有一些疲惫，注意力也不太集中时，拉伸复习可有效激活学生。具体流程如下：

（1）请每个学生起立，与其他同学配对，面对面站好。一人为A，一人为B。

（2）请学生A回忆给自己印象最深刻的三个知识点是什么，向学生B分享，每分享一个知识点的时候都需要做一个自己习惯的拉伸动作，学生B边听边模仿。

（3）学生A分享结束后，学生B分享，学生A模仿。

学生是复习的主体，知识点都是学生自己回忆起来的，并与同伴分享，因而记忆深刻。拉伸复习融入肢体元素，使复习活动变得有趣，同时这种社交性的动作模仿与知识分享也能促进学生的学习参与。

三、思维可视化类学习活动设计

学习是思考的结果，那么教师不仅要让学生去思考，而且要让学生外化表达自己正在展开的思考过程。思维可视化就像一个窗口，于学生而言，他能清晰表述自己的思维；于教师而言，能够看见、了解学生的思维。因此，通过思维可视化类学习活动，学生自我暴露其思维，教师则借机了解学生理解了什么、如何理解的、思考过程如何，并针对性地组织教学。

思维可视化类活动要求教师在设计学习活动时就考虑：我希望学生开始思考哪些内容？我该如何推动学生的理解和思考？若我发现了学生的思维错误，该如何帮助其修正或重组？由此可见，思维可视化类学习活动并非仅仅"看见"思维那么简单，更重要的是为学生提供独立、深度、自主思考的机会,并通过生生、师生之间的交流使学生体验深度学习,进而帮助学生超越知识的边界,培养其思维能力,并提高学习成效,成为更积极的学习者和思考者。

1. 观察—解释—质疑

先用一个案例来解释观察—思考—质疑的应用。

  教师在做密度实验时,将长短不一、直径一样的两根蜡烛放入两个盛有液体的容器中。她先让学生【观察】两根蜡烛的沉浮情况,学生发现短蜡烛浮了起来,而长蜡烛却沉了下去。然后,教师让学生【解释】这一现象的原因,并填写在观察记录单上。之后,教师让学生尝试【质疑】自己的解释,看除了自己填写的原因之外,有没有其他的可能。

  接下来,教师进行了第二次实验,她交换了两根蜡烛的位置,继续让学生【观察】两根蜡烛的沉浮情况,这一次,学生惊奇地发现长蜡烛浮了起来,而短蜡烛却沉了下去。同样,教师让学生【解释】蜡烛沉浮变化的原因,并填写在观察记录单上。之后,教师再次让学生尝试【质疑】自己的解释,看除了自己填写的原因之外,有没有其他的可能。

  教师让学生相互交换意见,讨论蜡烛的沉浮变化,随着讨论的展开,学生发现蜡烛沉浮取决于容器内液体与放入物体之间的密度关系。

观察是进一步思考、加深理解、探究理论和培养好奇心的基础,但是在学习时,常常由于时间的限制,观察被一带而过,观察—解释—质疑学习活动,就把观察提到首要位置,再基于观察进行思考和解释,并在解释之后综合其他可能性,通过质疑来开辟新的探索和思考空间。观察—解释—质疑学习活动的流程如下:

(1)确定并呈现观察对象。可以是一个实物、一张图片、一段文字、一个实验、一节视频、一首乐曲、一段表演、一个问题解决方法等。

(2)观察。要求学生陈述他们所注意到的内容,此处只需注意观察,无须解释。告诉学生可以采取各种方式观察,比如可以触摸物体、变换观察位置等。如果对观察细节有疑问，允许学生提问，比如上述实验中，学生可能会提问："两个容器内液体的温度相同吗？"

（3）解释。要求学生对所观察到的内容进行解释。教师可以问："基于你的观察和你注意到的细节，你会想到什么？你会做怎样的解释？"或者让学生做预测："你觉得还会发生什么？"教师还可以追问学生具体的原因："你为什么这样认为？"这样，既能鼓励学生做出解释，也能帮助学生有根据地思考更多可能的解释。

（4）质疑。要求学生对自己给出的解释提出质疑。一开始，学生可能很难区分自己的解释和质疑。教师应引导学生了解，质疑不是否定自己的解释，而是尝试从不同的角度来看待同一个现象或事物。为帮助学生提出质疑，教师可以问学生："有没有其他可能？为什么？""你觉得哪里可能证明这个想法不对？"

（5）交流。交流既可以贯穿整个观察—解释—质疑学习活动，在每一步都让学生先跟其他同学分享观点，以便他们了解到自己没有观察到的现象或没想到的解释，也可以等学生独自完成观察—解释—质疑全流程之后，再进行交流。交流常常比一个人的苦思冥想更能带来学习灵感、提高学习效果。

教师可为学生提供观察—解释—质疑记录表（表6-4），每完成一步就要求学生填写对应的表格。学生常常并没有仔细观察或者详细填写完所有观察到的细节，就急于写下自己的思考。因此，建议教师在每一步都给学生足够的时间填写相应表格，并让学生交流后，再填写下一步。

表6-4 观察—解释—质疑记录表

观察对象			
	观察	解释	质疑
第一次			
第二次			
第三次			
结论			

2. KWHL 策略

先来了解 KWHL 的含义。K，源于 What I know，我已经知道的。W，源于 What I want to find out，我还想知道的。H，源于 How can I find out？我怎样才能知道？L，源于 What did I learn？我在课程中学到了什么？

KWHL 策略一般适用于某个单元的开始，有利于为学生深入探究奠定基础。不过，如果将它应用于一节课中也能够很好地帮助学生解惑答疑。KWHL 策略的流程如下：

（1）确定并介绍学习主题。学习主题可以是一个概念、一个理论、一个现象、一道数学题等。

（2）我已经知道的。给学生留出充足的思考时间，学生讲出或简单记录关于待学习主题自己的已知。教师可以让每个学生都填写 KWHL 记录单（表 6-5）中的 K 列，也可以随机选择学生来分享，教师做记录。后者更便于学生之间相互借鉴对方的已知，为新主题学习做好准备。

表 6-5　KWHL 记录单

学习主题			
Know	What	How	Learn
我已经知道的	我还想知道的	我怎样才能知道	我在课程中学到的

（3）我还想知道的。这个部分要求学生深入思考并学会提问，尤其是就待学习主题提出探索性问题。教师要提醒学生所提出的问题要与学习主题相关。教师可以让每个学生都填写 KWHL 记录单（表 6-5）中的 W 列，也可以随机选择学生来分享，教师做记录。如果学生未提出与学习主题相关的问题，教师此时可做引导或补充。

（4）我怎样才能知道。在上一步中，学生已经列出问题，让学生从中选择 1 个或几个问题，或者教师指定核心问题，然后让学生思考如果要解决这些问题自己可以做哪些努力。比如，如何听课？从哪里搜索信息？搜索关键词是什么？与谁讨论？如何练习？这些能激发学生的元认知，帮助学生考量学习的方法。教师可以让每个学生都填写 KWHL 记录单（表 6-5）中的 H 列，也可以随机选择学生来分享，教师做记录。

（5）我在课程中学到的。前三步都是在学习之前填写，帮助学生锚定学习对象、学习目标和学习方法，这一步是在学习之后填写，帮助学生总结自己学到的具体内容，看自己是否解决了之前提出的问题，是否还存在其他疑惑。教师可以让每个学生都填写 KWHL 记录单（表 6-5）中的 L 列，也可以随机选择学生来分享，教师做记录。

（6）交流。如果是教师在做记录，那可以组织班级的交流，教师借此了解大部分学生的想法。如果是每位学生自己做记录，那可以组织小组合作交流，最后提交小组报告，看他们在彼此的 KWHL 记录表中学到了什么。

一般情况下，如果学龄较低，学生可以画出来、说出来，教师再帮助其做文字记录。教师帮助做记录这一步很重要，会让学生感觉到被尊重，也会更积极地深度参与学习。表 6-6 呈现了某个学习小组在学习《认识三角形》时填写的 KWHL 记录单。

表 6-6 《认识三角形》KWHL 记录单

学习主题	认识三角形		
Know	What	How	Learn
我们已经知道的	我们还想知道的	我们怎样才能知道	我们在课程中学到的
1. 三角形有三个内角。2. 三角形具有稳定性。3. 三角形按角可以分为钝角三角形、直角三角形和锐角三角形。4. 每个三角形都有三条高。	1. 三角形的内角有什么关系？2. 三角形的高一定都在三角形的内部吗？3. 我们生活中有哪些地方用到了三角形的特性呢？	1. 上课听讲。2. 亲自测量。3. 画一画。4. 仔细观察。	1. 使用量角器，获得三角形的三个内角和等于 180°（测量法）。2. 画出了钝角三角形、锐角三角形和直角三角形的高，发现钝角三角形的高在三角形外边（绘图法）。3. 细心观察生活，发现自行车架、相机三脚架、篮球架都是三角形的，原来三角形就在身边。（观察法）

KWHL 策略也适用于教师的自我成长，表 6-7 呈现了一位教师在阅读形成性评价相关书籍时填写的 KWHL 记录表。带着疑问和思考读书，链接自己的已知与未知，读书的效果自然更好。

表 6-7 教师自学 KWHL 记录单

学习主题	形成性评价		
Know	What	How	Learn
我已经知道的	我还想知道的	我怎样才能知道	我在课程中学到的
形成性评价有助于促进学生的学习。	1. 形成性评价的策略。 2. 获得形成性评价数据之后如何应用？	1. 阅读书籍。 2. 给具体策略画流程图。 3. 不明白之处找其他老师讨论。	1. 形成性评价的关键在于学生参与自我评价。 2. 量规是一个有效的评价工具。

3. 3-2-1 关联法

我之前上课时，常喜欢在下课之前让学生做 3-2-1 总结，比如写下 3 个收获、2 个疑问、1 个行动，或者写下 3 个关键词、2 个收获、1 个问题。这仅仅是让学生做单纯的总结，或者说明自己未理解的部分。3-2-1 关联法突破课后总结的局限，帮助学生在学习过程中建立新旧知识、问题和理解的联系。3-2-1 关联法的流程如下：

（1）确定并介绍学习主题。该主题应是学生有一些了解，但新学习能提供不同信息、不同视角或者增加了挑战性。最简单的方法是让学生以每一章的标题为主题，练习运用 3-2-1 关联法，要求学生讨论每章出现的新关联以及对主题的理解。

（2）调动已知。在新课程学习前，先要求学生写出与学习主题相关的 3 个关键词、2 个问题、1 个比喻。其中，3 个关键词能够激活学生的思维，2 个问题有助于学生深入思考，而 1 个比喻负责检验学生对主题的理解程度。关键词无所谓对错，它只是思维的起点。所以教师要让学生放下顾虑，最先浮现在脑海中的是什么就写什么；也可以快速提问，想了解什么就写什么，或者想考查别人什么就写什么；至于比喻，则明喻暗喻都可以。

（3）教学。教师组织新知学习，可以是看一段视频、学习一段材料，可以是做一次实验、看一下实物，也可以是教师精讲、学生讨论，当然还可以是综合以上所有方式。教学没有时间限制，可以是一节课，也可以是一周的课，最重要的是能充分调动学生的思维，产生新的理解。

（4）复盘新知。学生再次写出 3 个关键词、2 个问题、1 个比喻。要求学生在学习之后，就同一主题再次写出浮现在脑海中的 3 个关键词、2 个问题和 1 个比喻。

（5）关联。要求学生关注自己的想法在学习前后的变化情况，帮助学生看到自己之前是怎么想的，之后是怎么想的。除此之外，还鼓励学生发现一些新旧知识之间的联系。

（6）交流。可以是学生之间的配对或小组交流，也可以是教师主导的全班交流，目的是让学生发现别人的想法变化和比喻给自己的启发，并解答一些代表性的问题。

填写关联表时，教师一定要给学生预留足够的时间。有教师可能觉得这会浪费课堂教学时间，但这确实是了解学生思维的有效方法，只有在了解学生想法和思维过程的基础上，教学才能做到有的放矢。

3-2-1 关联法也可以有变式，主要是调整 3-2-1 的内容，但是更推荐保留 1 个比喻，因为比喻能够揭示学生的理解甚至某些误解。例如，如图 6-2 所示，某学生最初分析消化系统时，使用的喻体在本质上是线性结构，认为消化系统像一条道路、一条河流，经过一段时间的学习之后，学生使用的喻体发生了变化，认为消化系统像一块手表、一个工厂。手表、工厂等喻体在本质上是网络结构，更像一个完整的系统。通常学生刚开始使用该策略时会遇到困难，不知如何比喻。必要时教师需向学生举例说明明喻或暗喻的方法，或者强调喻体与本体之间的关系。

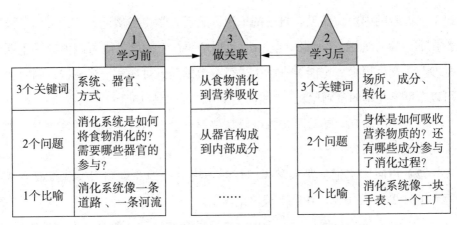

图 6-2 学生填写的消化系统 3-2-1 关联表

3-2-1 关联法也适用于教师培训。图 6-3 是一位教师在学习 3-2-1 关联法时所填写的 3-2-1 关联表。能看出来在学习前后该教师的思维变化，在学习前他关注的是 3-2-1 关联法本身，在学习后他则更多关注在实践过程中如何帮助学生利用 3-2-1 关联法学习。

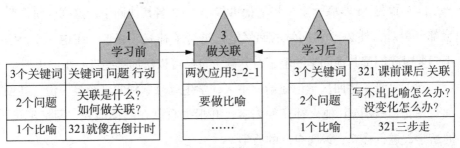

图 6-3 教师填写的 3-2-1 关联表

4. "回忆笔记 +1"

通常，教师会要求学生在上课时做笔记，还有教师会要求学生在课后提交笔记，并以此判断学生是否认真上课。实际上，学生记笔记存在以下问题：首先，当学生忙于记笔记时，常将注意力集中在记录知识点上，而较少参与课堂讨论、提出质疑；其次，很多学生习惯于详细记录教师所讲内容或

PPT 上展示的内容，而没有自己的思考；最后，学生虽然记了笔记，但是极少在下课后看笔记。"回忆笔记 +1" 可以解决以上问题，既可以促进学生课堂参与、深度思考，也能促进学生进行有效的信息过滤和记忆建构，同时也可以帮助学生即时复习笔记。"回忆笔记 +1" 的流程如下：

（1）学习新知。学习新知既可以是学习一个知识点，也可以是学习一个单元或更多的内容。

（2）写回忆笔记。要求学生回忆学习内容中的关键知识、观点或方法等，用时 2~3 分钟，写在纸上或笔记本上。

（3）+1，传笔记做加法。学生将自己的回忆笔记传给自己右侧的同学，这样每位学生都会拿到一份其他同学的回忆笔记。先要求学生花 1~2 分钟的时间来阅读，然后尽可能地增加至少一个额外的笔记，可以是一个详细阐述，一个新的细节，一个进一步的观点，一些缺失的材料，或想法之间的联系，也可以是对原始回忆笔记的修正。学生需要在额外的笔记下签上自己的名字。签名会引起学生的重视。

（4）重复 +1 步骤。至少将笔记再传给 1~2 名其他同学，这样，每个学生都至少对另外 2~3 名同学的回忆笔记进行了补充或修正。在这一步，学生需要时间阅读其他同学的笔记，并确定自己可以添加哪些进一步的思考。

（5）复盘。将回忆笔记还给原主人，学生此时拿到的已经是一份"共创回忆笔记"。阅读其他人补充的内容，并根据自己在阅读他人"回忆笔记"时所学，进行补充，说明自己的所学。

（6）交流。以"共创回忆笔记"为基础，组织学生讨论或全班交流。小组可以根据重要性对事实和观点进行排序，也可以共同创建一个概念图。

"回忆笔记 +1" 能帮助学生了解自己究竟在学习后记住了哪些关键知识以及记忆程度如何，然后以回忆内容为基础进行同学间的互动交流。而且，一旦学生知道自己将会参加"回忆笔记 +1"学习活动后，他们往往更愿意在学习时真正地倾听和集中注意力。

有些学生可能不太喜欢让别人在自己的回忆笔记上涂涂写写，那可以使用便利贴来完成"+1"步骤，当然也可使用学习平台的"讨论"功能在线上组织"回忆笔记+1"学习活动，比如学习通、雨课堂、作业小管家等都有类似功能。

5. 4C 策略

4C 是 claim（观点）、connection（联系）、challenge（挑战）、change（变化）的首字母缩写。4C 策略要求学生明确所学内容，从联系的角度出发，不断提出质疑，寻找核心观点，最终学会灵活运用。4C 策略的具体流程如下：

（1）学习新知。既可以是教师在课堂上讲解，也可以用于学生自学学习材料。

（2）写出观点。新知中有哪些令人深思的重要观点？学生应该学会标注新知中的要点、概念或主题，并能够简单评论，即能够用自己的语言表达，而非引用原文或教师的原话。

（3）写出联系。所学新知与已知、生活有哪些联系？启发学生寻找能够产生共鸣的内容或观点，即他们的亲身经历或与已学知识相关的信息。这可以激发学生学习的兴趣。

（4）写出挑战。所学新知中的哪些观点、立场或假设存在问题，或者说让学生感觉到疑惑？这能帮助学生学会提问，提升自主学习能力。

（5）写出变化。学生在回顾所学的基础上，思考其对自己认知、行为和态度的影响，看自己分别发生了怎样的变化。比如学生在学完一节数学课后，掌握了一种新的解题方法；在学完《劝学》后更理解学习对自己的意义，打算增加日常学习时间。一旦学生发现自己学习前后的变化，就提升了学习成就感。

（6）交流。交流不必等到学生都写完 4C 之后才开始，在前面的每一步之后都可以组织学生两两讨论、小组讨论或者全班讨论。不管采用哪种交流方法，教师都需要在结束后进行总结，让学生发现这种方法是如何帮助他学习的。

实施 4C 策略时，也可先让学生组成小组，给每组发一张 4C 表，并向学生详细介绍 4C 策略的每个步骤及其填写方法，让学生先自学，再共同讨论填写 4C 表，之后再进行组间交流或全班讨论。这将有助于提高学生的自主学习能力，也让学生的学习过程清晰可见。表 6-8 是一位小学生在英语课上学习交通工具时填写的 4C 表，表 6-9 是一位初中生在学习消化系统时填写的 4C 表。

表 6-8 "I go to... by..." 4C 表

主 题	I go to... by...		
Claim（观点）	Connection（联系）	Challenge（挑战）	Change（变化）
I go to... by...bike/car/plane/ship... 句型可描述去某地的交通方式。	奶奶家很近，by bike 就可以，姥姥家很远，回去时我们都 by plane。	走着来学校怎么说呢？by foot？	我会用 I go to... by... 造句
交流启发	走着不是 by foot，是 on foot 如果把主语改为 She，就是 She goes to... by...		

表 6-9 消化系统 4C 表

主 题	消化系统		
Claim（观点）	Connection（联系）	Challenge（挑战）	Change（变化）
1. 我们进食的快慢会对消化系统的正常运行产生影响。 2. 消化系统中除了各个器官在运作之外，还会有其他成分对我们摄取的食物进行辅助分解。 3. 小肠是人体消化食物和吸收营养物质的主要器官。	我理解了为什么妈妈要我吃饭时细嚼慢咽，因为人体消化的每一个环节都很重要，细嚼慢咽就是给身体其他环节减少工作量的过程，从而降低胃和肠道的损耗。 我理解了为什么馒头越嚼越甜。因为馒头中的淀粉通过舌头的搅拌，被口腔中的唾液淀粉酶分解，产生了麦芽糖。麦芽糖是甜的。	1. 蛋白质、糖类和脂肪在消化道里有消化顺序吗？ 2. 馒头越嚼越甜，别的含有淀粉的食物也是这样吗？	1. 更理解消化系统对人体的重要性，以及各个器官的职责和作用。 2. 从现在开始吃饭的时候尽量做到细嚼慢咽。
交流启发	我忽略了小肠结构与消化功能之间的关系。 大家说要想形成细嚼慢咽的习惯，可以边嚼边数数，数够 20 再咽。		

6. 提供支持策略

一道选择题，学生选择了某个选项，他为什么会做出这个选择呢？一份阅读材料，学生认为其中蕴含着某个道理，他为什么会如此理解呢？学生做出解释的过程，就是为自己的选择和理解提供相应证据的过程，这也是学生展示自己决策思维的过程。提供支持策略就是让学生就自己的观点提供相应证据，并反思自己是否存在思维错误，具体流程如下：

（1）给定主题。可以是测验题目、讨论话题、阅读材料或实验等，它们都适于进行多元解读和深入探究。

（2）给出观点。学生需要给出测验题目的答案，或者就讨论话题说出自己的想法、假设或提议，或者根据阅读材料归纳分析其中的主张，或者预测实验的结果、判断实验结果的有效性等。

（3）提供支持。学生需为自己的观点提供论据作为支持，或者结合已学知识说明，或者进行相应的逻辑推理，或者做额外的实验，或者列举相关案例。

（4）合理质疑。为培养学生的思辨能力，学生还需要在已有论据的基础上反思自己观点的真实性和准确性。学生可以问自己如下问题：是否存在不同意见？是否有更好的解决方案？是否有特例？若想证明观点的真实性，还需要分析或解释什么内容？

（5）交流。至少有两种交流方式。一是每位学生都填写提供支持表（表6-11），然后再两两交流或小组交流。二是教师给定测验题目、讨论话题、阅读材料或实验，随机找学生给出观点，然后让其提供支持，再随机找其他同学分别提出合理质疑，并组织全班交流。

需要强调的是，提供支持策略虽然包含5个步骤，但是这5个步骤并非是线性的，教师可根据学生的反应选择切换到哪个步骤，以下是一个具体案例。

王老师向班里学生提问：三位数除以一位数，你觉得商是几位数？

为什么呢？请你举例证明。【主题】

学生思考了一会儿以后，王老师请小昕同学来回答。

小昕说："我觉得商是两位数。【观点】因为我用486除以9，用371除以6，得出来的都是两位数。"【提供支持】

小昕说完，王老师没有判断对错，转向其他同学问："还有谁有不一样的观点吗？"这时，美娅站出来说："我觉得有时候商是两位数，有时候是三位数。【合理质疑】因为我用593除以4，得出来的就是三位数。"【提供支持】

看到其他同学都在点头，王老师继续追问："那为什么有时是三位数，有时是两位数呢？"【合理质疑】还没等美娅开口，小昕就抢着说："我知道，因为我的除数大，就得出来两位数，美娅的除数小，就是三位数。"【提供支持】

"嗯，小昕注意到了除数的大小问题，非常不错，但是除数的大小怎么判断呢？还有没有其他的想法呢？"【合理质疑】王老师肯定了小昕，同时也提醒学生辩证分析除数的大小。这时班里已经有很多同学举手，但王老师没再让学生回答，她让学生小组讨论一下，最后大家都得出同一个结论：首先要判断百位数够不够除，判断标准是百位数与除数谁大谁小，如果百位数比除数大，那商就是三位数，如果百位数比除数小，那商就是两位数。【提供支持】

这时候，王老师又提出一个问题："如果用一句简单的话来表述这个观点，可以是什么？"【合理质疑】

晓旭高高地举起了手："从哪位开始除，就在哪位上写商，就是几位数。"【观点】听到晓旭的话，班里同学都忍不住鼓起掌来。

在政治课上教师布置了一项开放性学习任务，学生利用提供支持策略，理解了市场在资源配置中起决定性作用，并提出了一些相应的应对策略，表6-10是一个学生所填写的提供支持表。

6-10 "市场在资源配置中起决定性作用"提供支持表

话题	假设你是一位农场主，有100亩枇杷种植园和100亩水稻田可供种植，但是限于人力和财力，只能二选一。请根据市场信息（略），决定种枇杷还是种水稻。	
给出观点	提供支持	合理质疑
选种枇杷	枇杷成本虽相对较高，但售价相对也较高，在种植面积相等的情况之下，种枇杷利润远高于种水稻。	如果种枇杷的农场多，可能造成枇杷市场竞争激烈，出现供大于求的局面，那将会价格暴跌，到时候可能会赔钱。
交流	市场在资源配置中起着决定性作用，价格又是反映市场供求关系的要素。因此，在担心枇杷市场供大于求的情况下，如果想降低风险，那就可以改进枇杷种植工艺，提高枇杷质量，或者打造销售品牌，或者推广枇杷采摘活动等。	

7. "亮考帮"策略

在第二章学情分析中，介绍了"亮考帮"是一个收集学生学情的有效工具。它之所以可作为收集学情的工具，主要是因为它能有助于暴露学生的思维，了解学生在学习中收获了什么，又有哪些疑问。"亮考帮"策略的实施流程如下：

（1）学习新知。组织学生学习新内容，可以采用教师精讲的方式，也可以采用学生自学学习材料的方式。

（2）写出"亮考帮"。"亮闪闪"要求学生写出在学习新知时获益最多的部分，或让自己眼前一亮的部分；"考考你"要求学生用自己已经掌握的新知考考其他人，这要求学生出考题并同时提供答案；"帮帮我"要求学生根据新知中自己不理解的部分提出问题、寻求帮助。

（3）小组讨论，写出小组"亮考帮"。依托学生独自撰写的"亮考帮"开展小组讨论，在小组内分享自己的"亮闪闪"，相互考对方并相互解决对方的问题，同时，根据讨论结果，写出小组"亮考帮"。

（4）全班交流。每个小组代表在全班同学面前分享小组"亮考帮"。"帮帮我"的问题可由其他小组帮助解决,如果解决不了,教师再进行针对性教学。

在实施"亮考帮"策略时,教师或许会发现,很多学生所写出的"亮闪闪"并非教师想让学生关注的重点,这样教师就透过学生的思维可视化了解了接下来如何帮助学生;教师或许还会发现有些学生或小组的"帮帮我"问题刚好是其他学生或小组的"考考你"问题,这样,就可以组织学生之间互教互学。

四、评估类学习活动设计

关于评估的作用,目前比较流行的有三种解释,分别是学习的评估(assessment of learning)、为了学习的评估(assessment for learning)和作为学习的评估(assessment as learning)。评估类学习活动是将评估作为学习的一种方式,让学生在评估中学习新知、深化已知、修正错误。

1. 量规自我评估

量规,即评估量表,是一系列用来描述学生学习表现质量的标准。表6-11是"副词"的思维导图评估量规。量规主要包括标准、等级和描述三个要素。标准就是用来判断或评估学生学习进程或作品的维度,如表6-11中"副词的功能、副词的构成规则、副词的用法"就是标准。等级是指学生在某一标准上的不同表现水平,如"三星""二星""一星"就是等级。等级的级数可以是3个,也可以是4或5个,等级的名称可以是数字,也可以是其他名称如达标、熟练、优秀、优、良、中、差等。描述指的是在各个标准等级下对学生表现的具体描述,如"能准确描述副词的功能,例句准确"就是描述。

表 6-11 "副词"的思维导图评估量规

标准＼等级描述	三星	二星	一星
副词的功能	能准确描述副词的功能，例句准确。	能基本描述副词的功能，例句准确。	能大概描述副词的功能，例句有 2 处以上错误。
副词的构成规则	能总结出 3 种以上形容词变副词的方式，例词准确。	能总结出 3 种形容词变副词的方式，例词有 1~3 处错误。	能总结处 1~2 种形容词变副词的方式，例词有 3 处以上错误。
副词的用法	能准确描述副词与动词的位置关系，例词准确。	能基本描述副词与动词的位置关系，例词有 1~2 处错误。	能大概描述副词与动词的位置关系，例词有 2 处以上错误。

简化版的量规，一般只由标准和等级构成。表 6-12 是一个简化版的讲故事评估量规。评价时只需要在与评估结果相对应的框内打对勾即可。

表 6-12 讲故事评估量规（简化版）

标准＼等级	三星	二星	一星
故事内容听得清楚吗？			
故事讲得生动有趣吗？			
用自己的话来讲的吗？			

教师对在课程中设置各种各样的量规意愿不强，但只要了解并信任量规的价值，那就会愿意花时间研究如何制定和使用量规。教师可以直接给学生提供制定好的量规，也可以与学生一起协商制定量规。师生协商制定量规的过程也是帮助学生了解学习标准的过程。量规既可以作为教师评估学生学习行为或学习结果的工具，了解和判断学生在各个维度的表现，也可以作为学生自我评估的工具，以便发现自己在各个维度的表现，进而进行自我学习改进。

在了解了量规的价值之后,再来看量规自我评估活动的具体流程:

(1)教师发布学习任务及相应的评估量规。给学生足够的时间理解量规,也可以就量规进行提问。

(2)学生完成学习任务并根据评估量规自评。

(3)学生根据任务目标及评估量规,确定自己目前等级与目标等级之间的差距、缩短差距需注意的细节,以及下一步学习计划或学习行动。细节一般指量规中所指出的目标、内容和方法等,下一步学习计划或学习行动是将学生的学习反思落实到学习行为上。

(4)教师根据学生量规自评和反思的结果进行教学。量规自我评估必须与适当的教学结合起来,否则就无法保障学生能在自我评估的基础上取得进步,那就削减了自我评估的价值,同时也会降低学生学习的自我效能感。

为帮助学生利用量规进行自我学习改进,教师可为学生提供量规自我评估表,便于学生以可视化的方式进行自我评估和反思。表 6-13 是学生在阅读课文后所填写的自我评估表。

表 6-13 学生阅读后的量规自我评估表

阅读语文第三课 自我评估			姓名 ××	时间 ××
标准	目前等级	目标等级	需注意的细节	下一步学习计划
阅读方法	合格	优秀	阅读后能够建构较完善的单元知识概念图;结合生活实际提出新问题。	研究概念图的绘制方法;有意识地提问。
阅读习惯	不合格	合格	及时记录阅读中的问题;合理安排阅读进度。	番茄钟计时阅读;准备便签纸记录问题。

阅读是所有学科学习的基础,不论哪门课,学生都须阅读教材,但是,并不是所有的学生都会阅读。有的学生读得快忘得也快,有的学生读完却不知教材讲什么,有的学生阅读时死记硬背,有的学生压根不读,只是解题遇到困难的时候才会翻书。教材阅读量规(表 6-14)可帮助学生自我评估阅读水平。该量规在阅读方法和阅读习惯上给学生提了醒,分别是:带着问

题阅读、关注段落间逻辑关系、思考与生活经验的关系、标注习惯和时间规划习惯。

表 6-14 教材阅读量规[①]

标准\描述\等级	优秀	合格	不合格
阅读方法	1.思考先导问题，带着自己的理解开始阅读；阅读后能对上述问题有自己独立的见解，阅读后能够建构较完善的单元知识概念图。2.始终将"粗体字标题"及段落内容与学科核心概念进行关联，找到彼此间的逻辑关系。	1.带着先导问题阅读；阅读后能够回答上述问题；阅读后能够建构本单元的知识框架。2.浏览本单元的"粗体字标题"，建立彼此间的逻辑关系；围绕"粗体字标题"梳理各个段落间的关系。	1.没有带着先导问题阅读；阅读后也不能回答这些问题；阅读后合上书，不知道讲了什么。2.没有关注"粗体字标题"和段落间的逻辑关系；没有建立起二者间的逻辑关系。
阅读方法	3.不断运用阅读内容解释生活中的实际问题，并提出新的问题；阅读过程中不断地将新知识与原有内容建立联系。	3.阅读过程中始终伴随着思考，不断提出问题；阅读过程中不断地概括出核心内容。	3.阅读中缺乏思考；阅读后不能概括出核心内容，不能提出问题。
阅读习惯	1.能快速捕捉阅读内容的信息，形成自己深刻理解阅读内容的独特方法。2.能运用有效的阅读方法，不断提高阅读速度，阅读效率高。	1.阅读中能根据不同的内容用不同符号进行标注，及时记录阅读中的问题。2.合理安排阅读进度，在规定时间内完成阅读任务。	1.阅读中没有标注，没有及时记录阅读中的问题。2.不善于根据阅读量设置合理的阅读时间，有拖沓现象。

2. 量规对比评估

量规对比评估是在量规自我评估的基础上增加了对比行为。其具体流程如下：

[①] 王春易，等. 从教走向学：在课堂上落实核心素养 [M]. 北京：中国人民大学出版社，2020.

（1）布置作业、制定量规。教师布置一项作业任务，同时给学生提供量规或与学生协商制定量规。给学生足够的时间理解量规，也可以就量规进行提问。

（2）学生自评标注。要求学生在提交作业的同时提交一份量规，其中用黄颜色把与自己作业质量相符的评分量规的相关字句标注出来。

（3）教师评估标注。教师评估学生任务完成情况，用红颜色标注与学生作业质量相符的评分量规中的相关字句。

（4）对比评估。要求学生查看与教师标注相同或有分歧的部分，然后自行修正或者与教师/同学沟通如何修正。教师也可根据师生标注差异的部分组织集体教学或个体辅导。

（5）教师反馈。与教师的判断有明显分歧的学生，教师可给他们提供额外的书面反馈、个体辅导或小组辅导。

依托量规将学生自我评估、教师评估联结起来，让学生不过多关注分数或正确率，而更关注自己完成作业的质量，这样有助于学生自主学习能力的提升。在实施量规评价时，也可采取一些变式，比如让同学之间进行量规评估，并比较异同。

在上述操作流程中，师生分别用不同颜色的笔标注他们认为与作业质量相符的评分量规。如果不方便用不同颜色的笔标注，可以用不同的划线方式标注。细心的读者肯定已经发现表6-11中有一些虚线和直线的下划线，其中，虚线下划线表示教师认为学生作业所符合的量规水平，直线下划线表示学生自己评估作业所符合的量规水平。量规评估能让学生更清晰地了解自己到底有哪些地方需要再深入学习、拓展修正。虽然量规评估看似繁琐，但是能让学生收获更多的学习改进信息，同时也有助于教师给予针对性的反馈和教学。

3. 事前事后对比评估

通常都是教师给学生评分，当一份已评过分的作业或试卷发回给学生时，他们关注的第一件事就是得了多少分，这往往会让学生忽略了最重要的教师反馈。事前事后对比评估将学生的自评分数纳入进来，强调让学生保持对自己作业质量的觉察与判断。事前事后对比评估的流程如下：

（1）布置作业、制定量规。教师布置一项作业任务，同时给学生提供量规或与学生协商制定量规。

（2）事前评分。学生完成任务，提交作业，并同时附上根据量规进行自我评估所得的作业分数 A。

（3）教师反馈。教师查阅学生作业，对学生的作业思路、易错点、修正目标等进行反馈，必要时需再给学生解释一下量规中的具体细节。注意，不要给学生评分；可个体反馈，也可集体反馈。

（4）事后评分。学生收到教师反馈之后，反思错误原因、修正错误，之后，再次根据量规进行自我评估，获得分数 B。

（5）对比分数。学生对比分数 A 和 B，觉察自己的进步情况。

事前事后对比评估将分数作为帮助学生关注和衡量自己进步的工具，能有效提升学生的学习成就感。通过事前事后评分，学生能对他们的作业进行前后对比思考，也能更关注教师的反馈，而非分数。

事前事后对比评估关注的是学生的成长，而非当前的学习水平。这种方法的一种变式是针对测验的。测验结束后，学生得知自己的分数，这时要求学生查阅自己的试卷，并自行指出他们在这次测验中还可以再提高 5 分的地方，当然，这 5 分并不一定从一道题目中来。这样做可以鼓励学生有策略地思考如何进行测验时的时间管理、如何调整测验时的答题策略、如何改进对某些知识点的认知、如何整合所学知识等。

4. 同伴排序评估

探索学生对于作业的看法是非常有意思的。尤其是对一些文科类的作业，他们通常将最整洁和最长的作业视为最优秀的，这说明学生对作业的评估标准并不了解。如果不了解评估标准，他们又怎么能知道如何对自己的学习负责呢？同伴排序有助于学生了解评估标准，具体流程如下：

（1）将学生分为 3~4 人小组。

（2）准备 5 份作业（作业可以是一份报告、一篇作文、一道政治分析题、一道历史综述等），分别标记为作业 A、B、C、D、E。复印与全班小组数相同的份数，同时发给每一个学习小组。也可直接上传到在线学习平台，每个学生都可下载查看。

（3）要求每个学习小组都根据作业质量对作业 A、B、C、D、E 按照从优到差的顺序排列，并给出相应的理由，尤其要解释某份作业为什么要优于其他作业。此时可结合提供支持策略，让学生填写提供支持表（参考表 6-10）。

（4）采用 +1 策略，让学生小组传递自己的排序结果给下一个小组，这样每个小组都能看到其他组的排序以及相应的支持理由，并在此基础上用另一颜色的笔标注自己小组的观点和支持策略。此步骤可重复 2 次。

（5）教师组织学生讨论他们的排序结果和排序理由，并基于此制定一项任务成功的关键标准，也可以进一步制定评估量规。

如果把同伴排序评估理解为一种评价学生学习水平的方式，就会觉得这个过程很繁琐、很占用时间，但是如果把它作为一种学生学习的方式，就能体验到它在提高学生学习主动性、加强学生学习体验、深化学生学习方面的价值。

在实施同伴排序评估活动时，需注意，教师所提供的作业可以来自其他班级或者上一级学生的作业。如果使用本班同学的作业，需注意匿名，这有助于学生客观评估并可畅所欲言。当然也可以使用每个小组的小组作业，这有助于相对透明化地感受排序过程和结果，但教师需关注排序较为靠后的小组，给予更多反馈和鼓励。

5. 同伴测评评估

通常都是教师出题考学生，而同伴测评评估活动把出题的角色交给学生。这个活动的目的是让学生真正了解考试的本质以及试题是如何设计的。就日常测评来说，它的目的并不是对学生的学习效果进行评估，而是为了让学生理解学习目标以及审视自身学习存在的盲区和问题。教师出题和设计每道题的目的是为了有效评估，也就是回答诸如"学生该了解什么、了解到什么程度、我如何测试出来"的问题。让学生出题，可以让学生站到教师的立场上，尝试确定学习目标、考核方式和考核标准，这既能让学生更了解考试的目的和方式，也能降低学生的考试焦虑。同伴测评评估不仅让学生出题，还让学生互评，是个值得提倡的学习活动，具体流程如下：

（1）向学生提供试卷模板，包括测验内容及范围、试题类型、评分答案及标准、考试时长及试卷总分。需要时，为每种试题类型配一段简介。

（2）学生分组设计试卷，并自主检测试卷的区分度、问题的引导语等是否合理，如有问题进行修正。

（3）交叉测评其他学习小组。比如 B 组答 A 组的试卷，C 组答 B 组的试卷，A 组答 C 组的试卷。

（4）计算各小组得分。得分由两部分组成，一部分是本组答题得分，另一部分是其他组答本组试卷时的扣分。这种记分机制，让各组学生想尽办法，既要好好学习，以答对题目，又要想办法在规定范围之内出一些综合性强的题，以防止对方得高分。比如：

B 组回答 A 组的试卷：B 组得分为 90 分，扣分 10 分

C 组回答 B 组的试卷：C 组得分为 50 分，扣分 50 分

A 组回答 C 组的试卷：A 组得分为 75 分，扣分 25 分

则 A 组得分为 75+10=85 分

B 组得分为 90+50=140 分

C 组得分为 50+25=75 分

（5）分数出来之后，教师组织学生探讨试卷质量及问题的答案，这其实是对测验的二次学习，是深度学习。

实施同伴测评评估，需要注意几个方面。第一，一定要在学生出题之前明确试卷模版、确定出题范围和题目类型等。建议学生出一些包含图表或者引导材料的试题，这有助于学生全面理解所学内容和待考核内容，同时也要严禁刻意出偏题、难题，以保障试卷的区分度。第二，计算各小组得分的方式可以根据具体情况进行调整，可以不采用交叉测评方式，而是让小组间相

互评估试卷质量及试卷答案是否标准,甚至可以全班票选高质量题目然后组成一份新试卷。第三,教师可将质量高的题目纳入课堂复习资料或期末考范围,这会提升学生的成就感。

当学生能够像出题者一样思考,也就更能为自己提供建设性的学习反馈。换句话说,如果学生知道自己将要如何被评估,他们也更知道应该如何学习。

6. 解读测试题

试题往往以评估学生的方式出现在学生面前,解读测试题这个方法则是让学生以解析的方式来学习试题内容。解读测试题的具体流程如下:

(1)将试卷分成几个部分,把每一个部分分配给不同的小组。

(2)每个小组就被分到的部分做一个简短的解析。

解析内容应该包含但不限于以下内容。

- 这部分试题的目的是什么?它试图评估哪方面的知识或能力?
- 这种试题属于哪种题型?
- 这种题型通常的解题思路是什么?
- 这种题型常见的坑是什么,该如何避免?
- 我为什么会在这道题上犯错,该如何避免?
- 这类试题还可以有哪些变式?

(3)随机在每个小组内抽选学生汇报本组的试题解析,各小组之间根据汇报情况相互提问和解答,教师适时指导。

比起直接做测试题,解读测试题往往需要更多的时间,很多教师可能会担心这反而是在浪费时间。实际上,反复做试卷、讲试卷这种题海战术,往往是低水平的重复,师生均会倦怠且难以长期高效地提升学生的学习效果,更有可能让学生对考试、对学习产生抵触情绪。教师可利用"解读测试题"策略重构周末作业,具体流程如下:

(1)选择性布置作业。以一套作业试卷为例,教师可以选择几道题,让学生作答即可，其余题不需要做（如果学生非要做，那也是他的自由）。选择的标准是：这几道题与目前所讲授/复习的知识点或知识体系相关，而且具有代表性。这一步增加了教师的任务量和挑战度，因为他需要对内容非常熟悉，还愿意在布置作业前花时间和精力对试卷题目进行分类和挑选。

（2）解析作业。要求学生做完教师选择的几道题之后，总结它们背后的知识体系，以及所对应的学习目标。解析作业把学生的学习权归还给学生，要求学生自行提炼所考核的知识体系及其对应的学习目标，这样能够有效激发学生的归纳、演绎等高阶思维。否则，很多学生迷迷糊糊地写作业，有时候做错了不知道错在哪儿，做对了也是碰巧做对了而已，并不能讲清楚题目所蕴含的知识点或知识体系，也因此导致学生缺少知识迁移能力，下次遇到类似的题目仍然无法做对。

（3）要求学生在作业试卷中选择相似知识点的题目或自行根据所提炼出来的知识点设计题目，一两道即可。选择题目或出题的过程，其实就是学生高阶学习的过程。教师可将学生的选择和创造作为教学资源，成为上课互动的载体，比如学生互答对方选择或创编的题目。

比起教师指定题目、教师控制学习材料，学生只是被动接受任务，这种解析式的评估互动更能激发学生的兴趣，培养学习的自主性。

7.评估转盘

评估转盘（图6-4）包含7个在2~5分钟之内就可以完成的评估方法。它可以简单而快速地对课堂教学效果进行检测。当然检测的目的是为了确定接下来教学的方向，而不是给学生贴标签，这一条要谨记。以下将简单介绍7种评估方法，教师也可据需要对评估转盘加以改造。

（1）指示灯。在课堂上使用红、黄、绿三种颜色的卡片快速检测学生的理解程度（红色表示没有理解，黄色表示部分理解，绿色则表示理解了）。让学生自行评估是否理解所学内容，并出示颜色卡片示意。这种方法的局限是检测结果不一定精准。

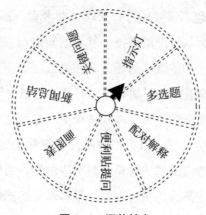

图 6-4　评估转盘

（2）多选题。要求学生基于他们从这堂课上所学到的知识创编出一道多选题，多选题通常包括一些迷惑性答案。创编多选题要求学生对所学内容进行深层次思考。

（3）配对解释。学生们两两一组，用 2~3 分钟的时间向彼此解释他们到目前为止所学到的知识。鼓励学生用自己的语言表达所学并相互补充和修正。在学生讨论时，教师要观察学生，并决策如何进行下一步教学。

（4）便利贴提问。让学生每人提一个与所学内容相关的问题，写在便利贴上，然后把便利贴贴在墙上，学生相互解答、小组讨论或教师解答。便利贴提问的一个变式是将问题发布在线上平台讨论区，这样所有学生都可以看到所有问题。

（5）画图表。让学生画思维导图、维恩图、关系图、表格等来总结他们所学的知识。

（6）新闻总结。给学生 5 分钟的时间写一篇关于今天课上所学的新闻总结，并以记者的身份在班里进行播报。教师可录制播报视频，作为学生成长记录之一。

（7）关键问题。让学生回答三个关键问题：今天我学到了什么？还有哪些不确定的地方？我还需要做点什么？此时，也可让学生写"亮考帮"。

利用评估转盘进行评估的流程很简单，但是很有趣，具体如下：

（1）向学生介绍转盘评估的方法，确保学生理解每种评估方法需要他们做什么。

（2）教师点击转盘的按钮并让学生决定什么时候停止转盘的转动，选择指针停住时所在的评估方法。

（3）学生根据选定的评估方法参与评估学习活动。

（4）教师根据学生的评估表现进行针对性教学。

五、讨论类学习活动设计

1. 破冰活动

（1）生日法。生日法适用于构建小组。这种方法集娱乐与分组为一身，让大家在轻松的氛围中分组。

- 请所有的同学在心中默念自己的生日日期。
- 请所有同学不说话，猜想自己生日在班级里的顺序，然后挪动位置，按顺序围成一个圈或者站成一条线。
- 请大家说出自己的生日，并判断顺序的正误（他们可能惊奇地发现，站位的顺序与所想象的差不多）。
- 按顺序每隔4~5人分为1组。

（2）自我表扬法。自我表扬法适用于小组初创时期的破冰。这能够让学生看到同组成员的优点，并建立良好的关系。

- 每个学生都进行自我表扬。说一个自己的优点，或说一件特别自豪的事情。
- 邀请学生分享本组内其他同学的优点或自豪的事情。

（3）猜猜猜。猜猜猜适用于小组初创时期的破冰，是让小组内成员迅速了解对方的方式。

- 请小组内每个同学都说出与自己有关的四件事，其中三个为真，一个为假。

- 小组内其他同学猜测哪个为真，哪个为假。
- 请各小组相互向其他组介绍本组成员。

（4）词语接龙。词语接龙也适用于小组初创时期的破冰。这种方法既可以增加小组活力，又可以让学生在共同完成任务的过程中初步体验合作的过程和结果，同时，又能增强小组的凝聚力。

- 给每组一个字，组内成员轮流组词，如好——好人——人民——民族——族谱——谱子——子孙……（允许使用同音字），直到说不出来为止。
- 开启组间竞争，各小组之间相互接龙。可以提升难度，比如改为成语接龙，比如七步成诗——诗情画意——意气风发——发奋图强——强颜欢笑——笑靥如花……或者改为三个字接龙，比如奥运会——会做饭——饭好吃——吃不完……

2. 配对讨论

配对讨论，是指在课堂教学中，让学生两两组合、相互交流想法。在配对讨论后，学生会被要求与全班分享观点，一般不会在讨论后生成一个具体的学习成果，比如一个海报、一个思维导图等。配对讨论的具体流程如下：

（1）配对分组。明确说明分组规则，如同桌一组或者单排同学向后转分为一组。也可以按照学生知识掌握情况分组，比如让掌握和未掌握的学生异质结组，或者让处于同一水平的学生结组，便于教师给予针对性的指导。人数为单数的班级，配对讨论时有人落单是常态。被落单的同学没有讨论伙伴会尴尬，也无法完成讨论任务，这时教师可以让学生自由寻找并申请加入一组，组成三人组，或者教师与学生组成一组进行讨论。如果每次落单的都是同一个同学，就需要教师展开针对性的帮助。

（2）建立互动常规。常规包括：谁先发言、发言多长时间、如何等待与轮流发言、如何尊重地倾听别人的发言、确保将发言集中在讨论内容和讨论问题上。教师要说明并示范这些互动常规。比如积极倾听的方法：注视发言的同伴而不轻易打断；用自己的话重复同伴的话；帮助同伴清晰地表达自己的想法。

（3）教师根据目标明确讨论内容。很多教师上课时让学生讨论都是即兴为之，可能讨论的内容都与目标无关。实际上，要组织学生配对讨论，教师要通过教学目标来逆推需要讨论的内容。比如课程教学目标是"运用景观图与示意图，识别常见的地貌"，那学生需要讨论的内容之一可能就是"某类地貌景观的主要特点"，这是与目标相关的讨论内容之一。

（4）教师提出值得讨论的优质问题。如果问题质量不高，只是让学生重复教师的观点那就没有意义。比如文章大意是什么？作者提出了哪些观点？XX的含义有几种？在这里是什么含义？这个公式是如何推导出来的？

（5）构建有目的的互动讨论。有两种常用的互动讨论。一种是思考—配对—分享模式：学生先安静思考（如2分钟），在此期间，不能相互交谈，思考结束后，学生配对交流想法（如2分钟），最后教师随机让学生回答分享自己或组员的答案。另一种是阅读—写作—配对—分享模式：学生先阅读材料，再把自己的思考写下来，并在此基础上配对交流和分享想法。

实施配对讨论需特别注意在讨论之前一定要先给学生时间独立思考，只有这样才能保证每个学生都能够积极参与到讨论中来，同时让害羞和缺乏自信的学生在全班面前能够有充足的时间演练自己的回答。除此之外，教师要观察学生的讨论以确定学生是否有效参与，并根据观察来组织教学。观察时教师需要注意以下几点：不和小组进行交谈，倾听他们的互动但不干涉；了解学生是否使用学科语言表达讨论内容；邀请没有听到讨论的小组分享，这样可以了解他们的讨论结果。

3. 配对练习

配对练习，是指在课堂上学生两两结组，一名学生练习技能、策略或程序，另一名学生提供反馈和建议。两个学生互换角色，彼此倾听对方的思维过程，体验不同的思维方式。比起教师讲、学生练、无反馈或个别反馈，配对练习的方法可以让更多的学生参与练习并得到反馈。配对练习的具体流程如下：

（1）配对分组。因为配对练习不仅仅需要练习，还需要反馈，所以最好采用结构化的分组方式，比如：喜欢安静＋善于提问，知识面广＋更有创意，熟内容甲＋熟内容乙，需要引导＋善于引导，相似强项者结为一组。这样的分组方式更有助于学生之间的反馈。当然如果想极简的话，那还是前后、左右结组。

（2）教师示范。配对练习前，教师须通过示范帮助学生练习规范，比如如何迅速找到自己的合作伙伴，如何用"出声思维"策略（边练习边讲解自己的想法，便于对方反馈），如何提供反馈信息等。教师常因没教会学生练习规范而导致配对练习无效。

（3）教师根据目标确定练习内容。配对练习适用于程序性技能和策略的学习，所以，需要一步步执行某些流程或步骤的目标更适合用这种方法。目标确定后，教师需要确定关键内容知识，并且将内容分割为小块，比如将一个实验程序分为几个步骤，便于学生在后期分步骤练习、收集反馈并及时修正。

（4）教师确定练习任务。做一个实验，或解一道数学题，或唱一首歌，或做一个推理，这些任务中都包含着一系列待练习的技能、策略或程序。

（5）配对练习（图6-5）。首先需要每个学生先独立练习，然后学生A出声练习，学生B观察A练习并记录、给出反馈，学生A修正，然后再角色互换，最后梳理出共识或分歧/困惑。如果两个人有分歧，寻找错误之处，如果两个人有共识，看是否还有其他的解决方法等。两个人配对练习完毕之后，可再跟隔壁的小组组成4人小组，讨论练习要点，相互解答困惑。

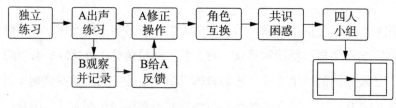

图6-5　学生配对练习流程

配对练习需让学生先单独练习，而且所要练习的任务或程序不能太过冗长，几分钟能完成就好。为帮助学生有效练习，教师可为学生提供图形组织者或其他提示，也可为练习速度比较快的配对小组布置额外的任务，比如要求学生演示技能、策略或程序的多种方法；给学生一个错误操作，要求其解释其错误之处并予以矫正；要求学生创建一个"提示"清单，供其他学生在练习技能、策略或程序时使用。

4. 小组讨论

小组讨论是指在课堂教学中，将学生分为小组，围绕学习内容彼此互动。与配对讨论不同，小组讨论不仅仅是听其他同学的见解或对自己观点的反应，一般还需要给出某个共识或者某个解决方案。讨论时长5~15分钟，具体时长参照任务难度而定，但不会跨课时。小组讨论的具体流程如下：

（1）分组。一般是四人小组，可以采用随机分组、古诗分组（让学生每人抽取一句古诗，能组成一首诗的学生结为一组）、拼图分组（让学生每人抽取一张拼图碎片，拼图成功的学生结为一组）、单词分组（抽到表示同一含义单词的学生结为一组）等方式。在课堂上常常会组织小组讨论，所以最好组建长期小组，至少每个小组保持1个月。

（2）教师组织学生制定讨论规范。讨论规范包括但不限于如下几个方面：如何快速移动到小组；设置发言权杖/发言代币，以保障每个人都参与讨论；示范积极讨论并给予积极反馈；理解"不同意见不是否定对方"；将讨论内容聚焦学习内容和讨论任务等。要做到无规范，不讨论，但不需要每次都制定讨论规范，一旦学生掌握并习惯讨论规范后，这一步就可省略。

（3）教师确定教学目标。教师若想要组织一个教学活动，先要思考希望通过教学活动达成怎样的目标。与配对讨论的目标不同，小组讨论一般需要学生学习更复杂的知识或更复杂的技能，比如分析或应用层次的目标，如目标"根据地图分布图分析和解释气象数据"。

（4）教师确定讨论任务。任务要能够达成目标，比如学生总结根据地图分布图识别气候模式的方法、阐释理由、画出识别方法的组织结构图、绘制相关图表、预测可能会出现的气候问题及解决策略等。总之讨论任务要与目标相匹配，也就是做到教学评的一致性。

（5）小组讨论并达成一致意见。讨论时，可用结构化讨论方法：第一个学生在规定时间内（1~2分钟）发言，其他小组成员仔细倾听，做记录，其间不得评价或打断。之后，大家沉默30秒，思考前一位发言者的发言内容。随后，第二个、第三个或第四个学生重复以上两个步骤，每人发言完毕之后沉默30秒，最后小组讨论5~8分钟，作出反馈、评价和比较。这种方法能够保证大家平等地表达自己想法的同时倾听他人的观点。

（6）讨论后分享。讨论后要呈现讨论结果，为保证每个人都参与，可画一张海报，中间部分是共识，四条边是每个成员的想法和贡献；也可以让不同的学生用不同颜色的笔在同一张海报上标明自己的贡献；也可以用随机提问的方式保证所有人都参与讨论。

讨论是教师常用的教学活动策略，教师也常想当然地认为学生自然而然地就会讨论，而事实上，大部分学生可能都没有学习过如何讨论。所以教师最好为学生提供一些讨论支架，如：

- 当未完全理解同学的观点，想了解更多时，可问："你能为我解释一下吗？"
- 当想确定同学的观点时，可问："你是不是在说……？"
- 当想了解同学提出某种观点的原因时，可问："我很好奇，你这么想的原因是什么？"
- 当想对同学的观点提出补充时，可说："我同意你的观点，但我想补充……"
- 当不同意同学的观点时，可说："我的想法略有不同，我认为……"或者"你提的这个建议很有趣，但是你看我这样想是不是也可以？"
- 当需要向同学求助时，可问："我原来以为……，你能帮助我吗？"
- 当给同学提建议时，可问："我们是不是可以试试……？"
- 当想打断别人发言时，可问："我是不是可以先插一句？"

5. 鱼缸讨论

金鱼在鱼缸里游来游去，鱼缸外的人能透过透明的鱼缸欣赏金鱼，这就是鱼缸讨论的灵感来源，具体流程如下：

（1）分组并成鱼缸式围坐（图6-6）。将学生分为两组，分别坐在两个同心圆里。一般称两个同心圆为内圈和外圈，一个代表鱼缸内，一个代表鱼缸外。教师也坐在内圈。可以按性别分组，比如女生坐内圈，男生坐外圈，也可以随机选择几位同学坐内圈，其他同学在外圈。内圈的人数由教师确定，最少不能少过3人，最多不能超过8人。

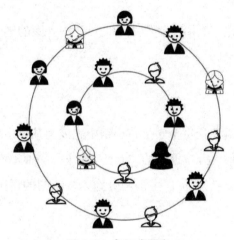

图6-6　鱼缸式围坐

（2）内圈讨论，外圈观察并记录。教师作为主持人提出一个问题或者话题，引导坐在内圈的同学展开讨论。人数少的话可以展开自由讨论，人数多的话可采用轮流说的方法，保障每个学生都能参与讨论。内圈的同学一定要真实而自然地讨论，坐在外圈的同学认真倾听内圈的讨论并做笔记，记录内容包括内圈讨论的内容及讨论的方式。

（3）外圈反馈。外圈同学就内圈同学讨论的内容以及讨论的方式进行反馈，包括：说明内圈同学讨论的优缺点、明确讨论的方向并论证是否需要调整讨论方向、指出讨论中忽略的内容、提出改进讨论的方法等。如果外圈人数多，可随机选几位同学进行反馈，如果外圈人数少，可轮流反馈。

（4）内圈再次讨论。内圈回应外圈的反馈，并继续讨论。

（5）讨论结束后反思。让学生反思讨论进行得如何，以及他们从中学到了什么。学生也可以评估他们作为听众和参与者的表现。

鱼缸讨论将讨论与观察结合在一起，学生既是贡献者也是倾听者，同时也将学科内容与讨论方式都列为讨论内容，是一种融合式的讨论活动。在实施过程中，有几种变式：

第一，可在内圈摆放一个空椅子，如果外圈有学生想发言，他必须坐到空椅子上，等发言完毕再回到原座位。这样可以保证外圈的学生也有参与讨论的机会。

第二，内圈讨论、外圈反馈结束后，可让内外圈的同学交换角色，之后再重新开始新的讨论。

6. 拼图专家法

拼图专家法，就是让每个学生在小组中先成为某个主题或某一个方面的"专家"，然后与其他人分享他们的"专业"知识。具体操作流程如下：

（1）分组（图6-7）。将学生平均分为人数相同的拼图组。一般4~6人一组。

图6-7 分组－拼图组

（2）教师将学习内容分块。教师根据拼图组的人数将关于某主题的学习内容划分为相同数量的几个部分。如每个拼图组内有 6 位学生，那就将学习内容划分为 6 个部分。学习内容形式不限，各部分体量相当。

（3）分配学习内容（图 6-8）。为一个拼图组内的每位学生分配一块不同的内容。最终，一个拼图组内的每位学生学习的都是不同的内容。如果有拼图组比其他组多了一名学生，可以为这组内的两名学生分配相同的内容，如果有拼图组比其他组少了一名学生，教师可作为补充组员。

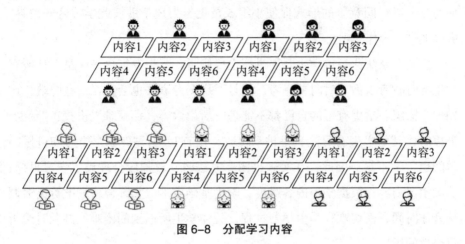

图 6-8　分配学习内容

（4）"专家组"学习（图 6-9）。让学习相同内容的学生聚集到同一个组内组成"专家组"共同学习。在"专家组"讨论之前，各"专家"一定要先独自学，为"专家组"讨论做好准备。

图 6-9　专家组学习

（5）回拼图组讲授。"专家组"学生回到拼图组内，将所学知识教授给组内其他同学，其他同学可提出疑问或质疑。如果负责教授知识的这位学生不能很好地讲授或回答问题，那么他可以求助"专家组"内其他同学。

（6）教师答疑。针对各组学习中未解决的问题进行答疑。

（7）评估学习效果。可利用一份简单的测验，评估各拼图组学生的学习效果。测验结束后，每位学生可以得到分数，也可以为每个拼图组计算小组平均分，以组间竞争的形式促使小组成员更努力地帮助彼此学习这些内容，更好地进行合作学习。

拼图专家法让每位学生既要讲授也要倾听，既是专家也是学员，让所有学生都时时有事做、时时要思考。但是，拼图专家法也会存在一些弊端，比如"专家组"学生有可能自己都不能理解所学内容，那就难以讲授；"专家"讲授时，其他学生有可能只是被动接收，没有互动；"专家"学习和讲授的时间也常常不足。因此，在实施拼图专家法时，教师应合理设置学习目标、切割学习内容；根据学习内容难度、学生基础水平、实际合作情况等灵活调整合作时间；密切观察学生学习过程，关注学生所遇到的困难，并及时给予建设性的指导。

第七章

学习评价设计：确保学与教的改进

一、学习评价的目的是改进

1. 别拿评价结果当回事

分享一个故事。

一个球员在参加选秀比赛后,收到了一份关于他的评价报告:

身材差、非常瘦小和单薄;看起来有些虚弱,缺乏很好的身体素质和力量;比想象中更容易被对手推倒;缺乏动机性和避开冲撞的能力;手臂肌肉力量不足,不能把球开到场上,也不能投出真正的紧密螺旋球;辅助型球员,无法独挑大梁,如果不得不单打独斗的话,缺陷很容易暴露。

这份评价报告是依据很多场球赛的技术数据得出的结论,是实证性的、难以被人质疑的结论,然而这份评价报告并没有定义这位球员的人生。19年后,他获得了四次超级碗最有价值球员奖。他是传奇四分卫汤姆·布雷迪[①]。

为什么通过技术数据得出的评价报告却没有准确预测一个球员的运动生涯?因为所有的技术数据都无法衡量他身上的职业道德,无法测量出他所具备的优势竞争力和领导能力,更无法预测出他想获胜的决心、毅力、坚持和渴望……这些品质无法通过标准化的技术测试来体现,但却在一个人的职业发展中起着至关重要的作用。

再者,那份评价报告所评价的只是他过去的职业能力,却无法预测他未来的职业能力。他的职业能力会随着时间、精力的投入而不断地进步。

所以,别拿评价结果太当真,它仅代表某个时间某个侧面的某个状态,

---

① 美国职业橄榄球运动员。

与学生整个人的整体走向没有必然的因果关系，最多是相关关系。千万别因为学生一时成绩或表现不好而气愤地对学生说："你这么下去，你就完了！"明明教师是为学生着急，却很容易被学生解读为一种诅咒，师生关系容易破裂，学生也无法按照教师所预设的轨迹去成长。

2. 要拿评价结果当回事

"别拿评价结果当回事"是说别以评价结果来定义学生的人生。"要拿评价结果当回事"是说别浪费评价结果，要以它为参照改进教师的教和学生的学。

改进教师的教，就是从对学生的评价结果中，搜索学生哪些学习内容还没弄明白，哪些学习习惯还没有形成，哪些学习思维还没有捋清楚……并以成长型思维[①]期待学生的成长，然后问自己：

- 我能做些什么帮助学生成长？
- 我能做些什么让学生意识到成长对他的意义？
- 我能做些什么让学生为自己的成长负责？

这才是能让每个学生都心服口服的评价的价值。脱离改进功能的评价是不值得浪费时间的！

改进学生的学，就是通过教师的教学改进以及学生的自我意识来促进学生的成长，是师生共同协商的结果。一般认为，教师拿到学习评价结果之后进行有针对性的教学就够了，实际上，学生也需要根据自己对学习和学习评价的理解，与教师协商共同制定学习改进方案。其前提是教师不要太在乎学生的分数，而要关注学生的成长。基于学习改进的对话协商是这样的：

师：这次小测，你得了 50 分。我很好奇，看到这个分数的时候，你的感受是什么？

生：我也想考高点，但是我真尽力了。

[①] 成长型思维认为人的能力或才能可以通过自身的努力、学习不断提升。想了解更多，可阅读《终身成长》一书。

师：那就是说，50分你并不满意，对吧？（表达对学生理解）那下次小测你想考到多少分？（引导学生自己设置学习改进目标）

生：那要是能考100分最好了。

师：哇，你期待自己能拿到100分。（重复学生的目标表达认可）那咱们商量一下，尝试先达到一个小目标，比如先考到70分，你觉得怎么样？（协商制定一个比较容易达成的目标）

生：也可以啊，70分还有可能，100分也是我瞎说。

师：那好，就先考到70分。那你觉得要想考到70分，咱们得怎么做准备呢？（引导学生寻求学习改进的方法）

生：我上课的时候要跟着老师的思路走，有不会的问题我也要及时问同学或者老师，我平时老是懒得问，最后自己也没弄懂。

师：上课认真学，课下积极问。（总结学生的改进方法）听起来很不错呢，那你觉得我能为你做什么？（表达愿意陪伴学生改进的心意）

生：嗯……如果我松懈了，您提醒一下我吧。

师：好嘞，如果我发现你没认真学，我就走到你身边拍拍你肩膀。

在这样的对话中，教师既帮助学生确定了学习改进目标，也确定了学习改进方法，还指向了学生的学习改进行动。师生关系是和谐的，学生主动改进学习的意愿也提升了。

3. 学生如何理解评价的改进功能也很重要

好的学习评价，有一个关键词是获得，包括知识获得和心理获得。学生仅仅通过评价获得知识、改进学习还不够，学生还需要理解评价的意义，从心理上接受评价过程与评价结果。如果学生因为评价分数不高或者在同伴互评中输给其他同学而闹情绪，那么评价的改进功能就会大打折扣，因此，如何应对学生在学习评价中的心理波动也很重要。

以下是学生常遇到的评估失利的场景，我们来看教师是如何化解学生情绪的。

学生A与B争论一个问题的答案，经过教师讲解后，学生A意识到自己的答案是错误的，但是他心里感觉不舒服。师生进行了如下对话：

生：有种挫败感，跟B同学辩论半天，原来自己整错了，感觉太难受了。

师：刚才你跟她辩论、跟我讨论，最后发现自己最初的确理解错了。

生：是的。

师：那从知识学习的角度来说，在这次争论中，你的知识量是提升了还是降低了？你是学到了还是啥也没学到？

生：学到了，也提高了。

师：那与B同学的辩论你是不是赚大了？

生：哈哈哈，也是。

师：那你现在觉得心里舒服点了吗？

生：哈哈哈，当然舒服了，下回该辩论还得辩论。

在这个案例中，教师引导学生既从知识获得也从心理获得的角度审视学习评价的改进功能。当学生意识到自己有所收获，他就把内心对自己"错了"的失落感转移到了学业满足感。这种满足感会带来学习自我效能感。

总之，请在意评价结果，也请别在意评价结果。理解了以上悖论，也就理解了学习评价的真正本质。

二、学习评价中教师常犯的错误

1. 以主观感受为标准评价学生学习状况

教师常以学生的表情或状态来作为学生学习效果的评价标准。看到学生微笑、点头、豁然开朗的样子，教师就觉得自己教得不错，学生学得也不错。可是，有时学生点头是因为在回应同桌的悄悄话而已，其实教师并没有激发他的学习兴趣，他也没有参与学习。如果学生一直摇头、皱眉，教师就觉得自己讲得不好，学生也没学会。可是，有时学生皱眉是因为他在思考，有时学生摇头是因为他想出了比教师所教的更便捷的方法，或者他有不同的观点，这些恰恰是他们沉浸式学习的表现，是教师教得不错而引起的。

教师也常依靠上课时的观察，比如谁表现好，谁上课认真听、记笔记，谁在讨论，谁在思考……来判断学生是否学习努力、上课认真。可是，学生是否积极思考、讨论是否围绕课程内容、遇到了什么困难、卡在了哪些地方、有哪些收获，教师都不了解的。如果仅仅把学生的表情或状态以及行为动作作为重要的评价指标，那恐怕评价的结果不可信也不可靠。

教师还常要求学生"有问题就提出来"，但是学生常碍于同伴压力而不提问。他们常常想："大家都没问题，就我有问题，会不会显得我太笨？会不会耽误大家时间？"这样的想法往往导致学生不及时提问，而这又常常被教师主观地解读为"学生都学会了"，其实，事实往往并非如此。

2. 只注意学生有哪些进步之处

教师习惯关注学生有哪些让自己惊喜的地方、哪些进步之处，也习惯关注那些有进步的学生，并以此为证据证明自己的教学有效，这导致他们容易陷入一种虚无的满足感之中。

虽然我们支持以进步为标准来评价学生，但那是为了帮助学生成长。进一步来看，它并不能帮助教师看到学生进步的契机和空间在哪儿，也不能帮助教师看到自己如何进行教学改进。所以，在关注学生进步的同时，不妨也问问自己：学生目前所学与学习目标达成之间的差距还有多少？进步比较大的同学采用了哪些学习策略？其中哪些适合全班推广？哪些地方是学生虽有进步但还比较容易出现混淆的地方？应该如何调整教学策略？是否能找到更好的练习内容？

3. 错用随堂提问的评价方式

随堂提问是教师随堂评价、收集学情的一个常用方式，但是也是一个最

容易出现差池的地方。比如:

● 教师常叫能答对问题的学生回答问题,教师听到了他想听到的正确答案,保障了课堂的顺畅性,却错失了了解学生真正学情的机会,自然也无法确定如何改进教学。

● 有些学生在课堂上主动回答问题,但是仅仅根据少数学生的回答,教师并不能判断整个班级学生对知识的理解。

● 教师用随机提问来促进每个学生都积极思考,但是实际上课堂上只有几个学生有机会回答问题,有时候几个学生的回答还具有相似性,这就掩盖了学生对知识理解的不确定性。到底学生学得如何?教师可能并不能确定。

● 有些教师利用技术工具让全班同学同时做选择题、填空题等测验,但是往往只能知道学生的答案正确与否,却很少能听到学生的意见、了解他们的想法和思考过程。

4. 混淆学生表现与学生学习

师生如何看待学习评价很重要。到底把学习评价当作评价"表现"的手段,还是当作评价"学习"的方式呢?两者有很大的区别:"表现"是学生行为和知识的暂时波动,是可即刻测量或看到效果的。"学习"则是持续变化的结果,包含深刻的、连续的知识增量和行为变化。

有时,教师上课提问,学生能回答得很好(表现好),因为他们能记住刚学过的知识,但过几天再提问时,学生就可能回答错误,因为他们已经遗忘了,他们只是机械记忆,并未理解(学习并未发生)。因此,在课后评价中,有些学生即便有优秀的"表现",也并不代表"学习"持续地发生了,因为"表现"多是暂时的记忆和模仿运用,而缺乏长期记忆和灵活的综合运用。因此,师生都应理性区分"表现"与"学习",体现在评价工具上,就是评价任务设计不能仅涉及本节课的学习,更要经常包含之前所学,这样有助于保障学生"学习"持续发生,而不仅仅是当下"表现"好而已。

5. 把给分数等同于给评价

通常，学生提交了小测或作业，就会得到一个分数。可是，教师布置学习任务的目的不是为了判断对错，然后给一个分数，而是通过学生的小测或作业来确定学生的迷思概念、混淆理论、公式条件错误、知识逻辑差错等，并基于此来决定如何帮助学生提高学业表现。

完整的评价流程应至少包含以下三个环节：

第一，布置与教学内容相关的学习任务。

第二，根据学生学习任务完成情况，统计学生常犯错误、混淆概念等。

第三，选择教学改进方案。如把之前学生易混淆的内容，重新换个方式再讲一讲；为学生提供几个变式，帮助学生理清迷思概念；让学生表述自己的答题思路，从中确定学生在哪个部分出现了错误或偏差。

从三个环节中可以看出，分数并不重要，如何通过分析学生完成学习任务的情况来掌握学情并进行教学改进才重要。关注成绩是短期导向，关注成长才是长期导向。

6. 学习评价尺度单一

学习评价常以学业成绩为唯一指标，少数绩优者可能会得到更多的奖励和机会。这样的评价方式往往伤害了那些学业平平但或许另有天赋的孩子的自尊和自信。实际上，从脑科学的角度上来看，不同的学生脑中枢发达的区域不同，有的擅长语言文字，有的擅长空间操作，有的则擅长艺术。可悲的是，即便脑科学的研究给出如此结论，但对学生的评价仍然以考核文字能力或数理逻辑的学业成绩为主，学生的道德情操、审美情趣等往往被忽略。

这种尺度单一的评价方式，就像古希腊神话中普罗克鲁斯特的"铁床"，以自己的标准去裁切别人，僵硬的标准使得评价成了扼杀学生个性的利器。

每个人都有短处。短处决定了一个人不能做什么，但是更重要的不是他不能做什么，而是能做什么。每个学生都可以发展自己的长处。可能有人会反驳说中考、高考、考研制度下这样是不得已而为之，可是，一方面只有用多维视角评价学生的长处时才体现出对学生全然的接纳，学生才有可能健康成长，另一方面，其实许多普通劳动者也都是时代楷模，重要的是让金子在属于他的地方发光。

三、五星学习评价理念

五星学习评价是一个学习评价理论框架（如图 7-1 所示），里面包含着评价内容、评价标准、评价方式、评价流程、评价策略等方面。

图 7-1　五星学习评价

1. 认知评价 + 情感评价

认知评价和情感评价是针对评价内容而言的。认知评价泛指对学生认知、态度、技能等方面的评价，一般都与学生的学业成绩相关，常以分数的形式呈现学生的认知水平。脑科学研究表明，情绪与认知相关，情绪上感觉到安全、舒适、喜悦，能够促进认知的加工和学习。因此若想实现"以评促学"，就须在认知评价的过程中辅以情感评价。情感评价不是让教师给学生的情感状态打一个分数，而是指观察并回应学生的学习情绪、情感，保障学生情绪的安全和舒适。比如：

● 感受到学生的负性情绪，可回应："看你刚才听课的时候一直在皱眉头，是遇到了什么困难吗？需要我的帮忙吗？"

- 发现学生的积极学习行为，可回应："我发现你这次在小组讨论中特别活跃，是有什么特别的灵感吗？我很好奇，跟我分享一下？"
- 感受到班级整体学风的温暖，可回应："今天咱们班上课的时候特别配合，大家都积极讨论、主动回应我，老师感觉给咱们班上课好幸福。"

2. 满分评价 + 成长评价

满分评价和成长评价是针对评价标准而言的。满分评价是指参照标准答案对学生作业、测验等代表学生学习结果的作品所进行的评价。满分评价是教师常用的评价方式，也是诊断、选拔考试的评价方式。

成长评价突破了标准答案的限制，聚焦学生的成长和进步。这需要教师引导学生自己跟自己比，超越自己，引导学生探讨"谁是最高效的学习者？分数最高的学习者，还是进步最大的学习者？"当学生认同"进步最大的学习者是最高效的学习者"这一观点，他们就会不断地为了成长而努力。不仅暂时学业落后的同学会努力追求进步，学业优异的同学也会努力超越自己。

如果回归到评价的改进功能本身，回归到教学本身，我们就知道不能只用满分评价来评价学生。因为对于学业成绩不好的学生而言，考满分是不可能的，而且他们也常因考不好而被批评，情绪也因此变得糟糕，进而导致更差的成绩。假若教师采用成长评价，哪怕学生暂时分数不高、排名靠后，只要教师通过成长评价看到并告知学生的进步，如正确率提高了10%、卷面比以前更工整等，那学生就能够从中得到鼓舞，愿意继续努力学习。

3. 单向评价 + 互动评价

单向评价和互动评价是针对评价流程而言的。通常在学习评价中所采取的教师评价、学生评价，甚至职业院校里所采取的企业导师评价等，都属于单向评价，主要是评价主体提供评价分数，有时再给一些评语。从评价流程上来讲，这些基本上都是单向的，学生仅仅是被动接受各类评价主体对他的学习评价。

单向评价很多时候让学生不知所以然：不知为何给自己这个分数，更不知如何改进。解决这个问题的途径就是引入互动评价。互动评价主要有如下两种方式：

一是课上教师主导的生生互动评价。比如，教师对 B 同学说："A 同学的这个作品，你认为有什么可改进之处吗？"等 B 同学表达完之后，再问 A："听完 B 的说法，你现在的想法是什么？"这种生生互动评价能达成评价的真实价值——以评价促进学习改进。

二是引导学生向上管理评价主体。无论评价主体是谁，都鼓励学生主动与评价主体沟通。比如："您给我的分数是 80 分，我想知道扣掉 20 分的主要原因是什么？如果我想改进的话，您给我的建议是什么？"目前，大部分学生欠缺向上管理的能力，哪怕自己对评价分数不满意或有质疑，也并没有主动把分数当作一个信息或线索去寻求帮助以改进自己的学习。

学生常缺乏互动评价的意识，不知道如何展开互动评价。没关系！教师可以教他们，布置任务引导他们。一旦学生经由互动评价提升了元认知能力、提高了学业成绩，那他们也更愿意主动参与互动评价。

4. 激励评价 + 反思评价

激励评价和反思评价是针对评价策略而言的。激励评价，其功能重在激励，是指教师通过语言、情感表露等方式，给不同学习水平的学生以充分的肯定、激励和赞扬，使学生在心理上获得自信和成功的体验，并由此激发学习动机，提升学习参与度。激励评价看起来很简单，但是很多教师把握不好度，容易出现问题。有些教师无原则激励，比如不管学生如何表现，都会夸张地说"真好""真棒"。脱离客观事实的激励，并不能真正激励学生。有些教师过度激励，比如看到学生偶尔主动回答一次问题，就反复提及这件事，看不到学生的其他学习行为。有些教师滥用激励，比如一看到班级死气沉沉，就在未明确交代激励规则的前提下，直接说"谁先上台展示，就给谁奖励加分"。

那到底应该如何科学、合理地使用激励评价呢？提供一个激励公式：描述客观行为 + 教师感受。比如，教师说："我看到你最近上课的时候，一直积极回应我的问题,同学有不明白的地方,你也帮助他解答(描述客观行为),因此你的小测成绩很好,真为你开心(感受)。"

假设学生 B 对学生 A 的答案提出不同意见时,教师微笑着对 A 说:"有人挑战你了,说明你提出了能够引起大家思考的观点(描述客观行为),真替你高兴(感受)。"在激励 A 积极看待不同意见的同时,教师也要笑着对 B 说:"赞你的勇敢,能主动站出来说出你的不同观点就是勇敢(描述客观行为),无论你的观点正误,你的勇敢都值得我们学习。也感谢你为课堂创造出了不同的声音,如果我们的课堂只有一种声音,多单调啊(感受)!"这样,教师通过两次使用激励公式,激励了学生主动表达不同观点和主动迎接质疑。

激励评价主要促发学生积极参与学习,而反思评价则要激发学生对自己学习状态或结果的反思,思考如何做到更好。反思评价多用于学生自我评价中,让学生通过自我反思促进自主学习。比如:

- 为帮助学生提高成绩,可向学生提问:"中期测验你拿到了 70 分,测验前你是如何做准备让自己拿到 70 分的?""如果你想再提高一些,你可以做什么?我可以帮你什么?"
- 为帮助学生提高小组合作学习能力,可向学生提问:"这两周的小组合作学习中,你的参与度如何?你做了什么?如果想让自己在小组合作学习中收获更多,你接下来打算怎么做?"
- 为帮助学生提高任务完成水平,可向学生提问:"我看到有些同学做得不错,相信他们一定有方法,想知道他们是怎么做到的吗?"
- 对做得不错的学生,可先描述其优点再引导学生反思自己是如何做到的:"你的汇报,不仅用图标列举了……,还从……角度解释了……,你是怎么做到的呢?能和大家分享一下你的思考过程吗?包括你是如何获得证据的。谢谢!"

总之,激励评价和反思评价策略透露着关爱和对学生成长的渴望,而绝非把学生当前的表现当作一把衡量他们未来的尺子。通过教师激励和自我反思能提升学生的学习改进意识和学习改进能力。

5. 节点评价＋动态评价

节点评价和动态评价是针对评价方式而言的。因为前四种评价组合都在倡导"把评价当作一种教学/学习方式"的理念，这在很多教师看来都属于"花拳绣腿"，因为都没说清楚到底如何给学生打分。节点评价和动态评价就能解决这个问题。

节点评价，是每学期选择几个关键节点进行认知评价，比如单元测试、期中考试等。节点评价成绩会计入平时成绩。节点时间、成绩计算方法都提前告知学生，让学生做好准备。节点评价是教师常用的方法，在此不再赘述。

动态评价是指给学生不止一次被评价的机会，允许对当前成绩不满意的学生自愿改进、重新考试。动态评价基于如下理念：评价的目的是为了促进高效学习的发生，而非把学生成绩分为三六九等；相信学生有追求卓越的本能；比起在乎自己，学生更在乎群体的利益，大部分人更利他。以下将具体介绍动态评价的注意事项。

（1）动态学习评价如何组织。

要选择关键学习节点进行动态学习评价。因为动态学习评价相对来说比较耗时间，所以要选择学习的关键节点，比如一章学习结束后，或者一个大单元结束后，布置作业（写报告、测试题、做实验等），将该作业的完成情况作为动态学习评价的依据。

学生完成第一次关键学习节点作业/测验后，教师根据标准打分，之后将分数及反馈告知学生。学生自行决定是否要进行修改或再测验一次。学生有两次修改或再测验的机会，选择最后一次的分数作为此次作业的最终分数。之所以只给两次机会，是为了将教师的工作量控制在一个适当的范围之内；之所以选最后一次的分数，一是减少教师的工作量，二是让学生珍惜学习改进的机会，保证每一次都有实在的进步。

为了鼓励更多学生选择动态学习评价，以评价促学习，教师要提醒学生自己的小组成员身份，即学生不仅代表自己，也代表所在的小组。教师可以制定小组成员附加分规则，比如：

- 如果本小组成员每人均获 85 分以上，小组附加分 10 分；
- 如果本小组成员有 4 人获 85 分以上，小组附加分 6 分；
- 如果本小组成员有 2 人获 85 分以上，小组附加分 3 分。

这种连带评价方式能够促进学生之间的相互鼓励、合作与帮助。比如有学生明明满足于 80 分，但是一想到在小组内的角色担当，于是主动再改进一次；也有学生自己满足于 80 分，但是小组内其他同学不满足，于是其他同学主动与他探讨如何继续改进。这种方式能够增强学生的群体学习动力，提高群体学习效果。

（2）动态学习评价实施的支持系统。

动态学习评价的关键是动态评价机制背后的支持系统。支持系统主要有两个：

- 学生支持系统。小组内成员愿意互教互学，愿意相互提示学习改进的方法；
- 教师支持系统。教师愿意给予主动寻求意见的同学单独辅导。

这两个支持系统不是天然建立的，尤其是学生支持系统，它需要教师在学习小组构建和运行的过程中不断引导。比如，在课上提问时允许同组学生做补充；学生在遇到问题咨询教师时，先问他是否跟小组同学讨论过；带领学生做同组感恩活动，让学生说出在某次小组合作学习中同组同学所给的学习启发，等等。只有建立了学生支持系统，才能为动态学习评价打下基础。

至于教师支持系统，这的确需要教师给自己做心理建设，因为与简单给个分数相比，这种评价方式很累，教师的工作量会很大。所以，不需要每节课都做动态学习评价，只需要选择关键学习节点进行动态评价即可，否则任何教师都招架不住。

（3）关于动态学习评价的质疑。

我在分享动态学习评价方法的过程中，曾经受到不少教师的质疑，想必读者也可能有类似的疑虑，现在来一一回应。

- 第一次拿到高分的同学会不会觉得这不公平？

教师要引导学生正确审视学习评价的本质，学习评价不是为了证明谁比谁更优秀，而是通过学习评价来想办法让更多的同学有进步、有收获、有成长。有些同学快一点，有些同学慢一点，理应彼此尊重。再者，拿到高分的同学在帮助同组其他同学的过程中自己也会得到新的学习启发。同时，也不反对一开始就拿到高分的同学选择动态评价，为自己争取更高的分数。

● 会不会有些学生改进之后得分比第一次拿较高分的学生还要高，这是不是不公平？

第一，我们当然不能为学生的进步定一个范围，不允许他们超过第一次得较高分的学生，否则对愿意改进的学生来说反而不公平了。第二，一开始拿到较高分的学生也可以继续选择动态评价，这是个体自我选择的结果，如果害怕被超过，那就应该为"捍卫"自己的成绩而作出改进的选择。第三，终归是要引导学生理解"分数没那么重要，重要的是自己是否比上一次学得更多、更好、更扎实"。

● 动态学习评价只适合小班课，在大班课上实施，教师招架不过来，怎么办？

这的确是个问题，不过，有两种优化方案可以尝试。第一，增加评价人，比如选几个学生助理辅助评价；第二，限定分数，比如首次评价得85分以下的学生可以改进，改进后的分数是85分封顶，这样可以减少一些学生人数。当然，理科的测验类评价相对简单一些，只需要在试题库中多抽取几次客观题小测验就能解决这个问题。

● 实践课或实验课会涉及安全问题，所以学生没有机会反复提交作品，是不是不能采用动态学习评价方法？

这好像是无解的问题，建议教师少想有哪些限制导致自己不能采用动态学习评价方法，而是多想想自己在哪个教学环节可以采用。比如，与实践或实验课相匹配的一定有理论课，那理论课上可以采用，除此之外，学生会写实践报告或实验报告，这也可以作为动态学习评价的依据。教师只要换一个思路，就肯定能想到更多适用于动态学习评价的场景。

● 动态学习评价是否只适合高水平、自主学习能力强的学生？

我不认同此理念，我也发现有很多教师对应用动态学习评价没有信心，担心学生抗拒，也担心学生之间做不到互帮互助。实际上，这大多是教师的心魔在作怪，是教师缺乏对学生的信心和期待，没有尝试新评价方案的勇气，缺少利用学生生成性资源的能力。事实上，如果你相信学生做不到，那他们就真的做不到，只不过不是他们本来就做不到，而是因为你未曾通过系统的支持给予他们成长的机会。所以，请相信学生，也相信自己，在动态学习评价的过程中提升学生的自主学习能力、学习改进能力。

四、促进改进的评价方案

根据评价时机与评价目的，可将学习评价分为终结性学习评价与形成性学习评价。终结性学习评价，一般指在一个大的学习阶段、一个学期或一门学科终结时对学生的学习成绩的总体评价，目的是给学生评定成绩，以作为排名、升学等的依据。形成性学习评价，又被称为过程性学习评价，是教师对学生学习过程的评价，它伴随着学生每节课、每单元的学习而进行，目的是及时了解学生学习的情况，并据此及时改进教与学。

教师对终结性学习评价比较熟悉，本书重点介绍形成性学习评价，探讨其改进学生学习、教师教学的具体策略。

1. 形成性学习评价功能

很多教师常把"形成性评价"等同于"形成性分数"，就是给出详细的评价项目、评价比例和评价量规，并据此确定学生的成绩。他们多以自己如此细致的操作为荣，实际上这样的形成性评价失去了其本意。

日常教学跟中考、高考、研究生入学考试是有区别的，后者作为评价方式，主要是选拔功能，而日常教学中的评价主要是诊断和改进功能。诊断既有对学生学业水平的诊断，也有对教师教育教学的诊断，从不同维度帮助教师和学生分别反思在教与学方面的问题：引导教师不断优化自己的教育教学，更好地服务学生；引导学生不断改进学习方法，提高解决问题的能力

（如图7-2所示）。

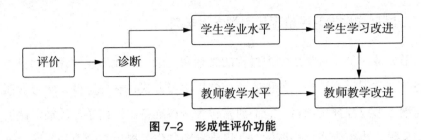

图7-2　形成性评价功能

比如，在英文写作环节，老师发现大部分同学分数都不高（评价），学生常常过分注意单词拼写和单句的表述，忽视了前后句子的衔接以及段落之间的过渡，导致所写语篇没有条理，影响了信息的传递和表达效果（诊断）。老师反思自己在讲课时是否讲清楚了，这时他发现自己上课时仅反复给学生强调要注意前后句子的衔接以及段落之间的过渡，但是没有说明如何衔接与过渡（教学方法诊断），于是他变换策略，给学生正反案例，让学生辨析并说明原因，然后尝试修改（教学方法改进）。

再比如，小明同学的英语作文拿到了40分（评价），这个分数令他感觉很失望，查阅教师评语后发现自己"受汉语思维影响较大，经常会写出不地道甚至不符合英语表达习惯的句子"（诊断），于是，他查阅了2篇范文、多次朗读英语语篇（学习方法改进），尝试再次撰写作文，这次拿到了80分（学习效果）。与拿到分数后仅仅慨叹自己"考得太烂了"的同学相比，小明同学把握了评价分数的诊断功能，从学习方法上改进，最终促进了学习效果的提升。

形成性评价不应只给一个分数，它必须包含学习反馈和学习改进。

只有教师提供教学支持，学生接收学习支持并做出学习改进行动，形成性评价才真的能够起到改进作用。在教学中教师要有如下问题意识：

- 学生是否有了过程性的成果支撑？
- 学生在学习过程中有哪些阶段性的成长证据？
- 怎么证明学生经由评价得到了成长？
- 我需要做哪些教学改进？

- 我如何引导学生做学习改进？

2. 以形成性学习评价项目引领学生学习

形成性评价是对学生学习过程的管理和记录，因此形成性评价项目也应当包含"学习过程"相关的内容，如学生学习方式、学习态度、学习习惯等也应纳入形成性评价项目，它们通常包含资料准备、课前学习反馈、课后作业与反思、小组合作、拓展学习、思维导图制作、提出有价值的问题、自主学习拓展等。把控好这些方面，学生的学习效果自然也会提高。

形成性学习评价项目要具备课程特色。不同课程内容需要不同的评价项目。如汽车维修实操课，需要学生动手操作，形成性评价项目包含设备安全、操作安全等项目；议论文写作课，需要学生思辨，形成性评价项目包含阅读与写作、思考与质疑。另外，结合学情、学科的特点，教师想培养学生哪方面的素质，就可以在哪方面加大形成性评价的力度。小组讨论效果不够好，就加大小组评价的权重；可视化效果不够好，就加大学生可视化作业的权重。

形成性评价项目及其指标，在课程开始之前就要呈现给学生。通过评价指标引导学生关注学习过程。例如，写作课的形成性评价方案如表 7-1 所示，从这个评价方案的各个项目的赋分权重中，学生就能认识到，这门课程首先注重"学习态度"和"学习技能"，其次是"交互意识"（交互意识属于学习方法的范畴）。这样的评价方案能对学生的课堂学习有一个明确引导。

表 7-1 写作课的形成性评价方案

评价项目	权重 %	指标描述	具体指标	分值	得分
学习态度	30	上课积极思考，主动查阅资料解决问题	1. 提出有价值的问题	10	
			2. 团结协作，合作解决问题	10	
			3. 积极进行课外拓展并分享	10	
交互意识	20	课上课下主动与教师、其他同学交流	1. 查阅其他同学的作文并写反思	10	
			2. 每节课后写学习反思	5	
			3. 课上积极参与各类讨论	5	

续表

评价项目	权重 %	指标描述	具体指标	分值	得分
学习技能	40	分析习作	1. 拆解作文写作思路	5	
			2. 辨别作文质量并给出理由	10	
		方法应用	1. 给别人讲透 2~3 种写作方法	5	
			2. 给定题目，写出具体写作思路	10	
			3. 根据材料，自定题目写作	10	
……					

在高校，大部分教师将出勤纳入形成性学习评价，这样做仅仅是想确保学生能按时上课。可是，学生出勤率低只是学生的责任吗？难道没有教师的原因吗？如果是教师的课程设计无趣，授课语言无聊，那为什么让学生来承担责任？

要把出勤纳入形成性评价体系，就要赋予出勤更深刻的含义，不仅涉及学生是否出现在课堂上，还要具体描述学生表现出哪些行为就代表他的心也留在了课堂上。这样形成性评价的目的就不是给一个出勤分数，而是通过分数所展现的信息来看如何帮助学生在出勤这个项目上做得更好（见表 7-2）。

表 7-2 关于"出勤"的形成性评价方案

评价项目	权重 %	指标描述	具体指标	分值	得分
出勤	10	按时到课，不做与课堂无关的事情，积极参与课堂	1. 按时到课	2	
			2. 提前准备好上课资料	3	
			3. 积极参与课堂活动并分享	3	
			4. 只讨论与课程有关的内容	2	

假设学生 A 在"积极参与课堂活动并分享"的维度上只得 1 分，那代表着需要引导学生多参与课堂活动，主动分享自己的观点，适当的时候教师可"假装不经意"地给予他一些参与和分享的机会。总体而言，形成性评价是为了促进学生的学习改进，而不是为了评价学生学习行为和学习效果的优

劣。因此，即便在评价出勤，实际上也是为了帮助学生修正学习行为习惯。

3. 以形成性学习评价标准指导学生学习

形成性学习评价项目关乎学生要形成哪些能力和习惯；形成性学习评价标准则关乎学生的能力和习惯要达到何种水平。比如，跑步是形成性评价项目，每周跑步3次、每次不少于2公里是形成性评价标准。

根据教学进程，在每次课或每单元课程学习之后，参照形成性评价标准，教师要对学生在每项形成性学习评价项目上的表现进行评价，并对其进行针对性的反馈。很多教师常取各项评价分数的平均分作为学生的形成性评价分数，这种做法不恰当，违背了形成性学习评价的本意。形成性评价以指导学生学习为目标，教师应查看学生每项形成性评价项目的分数，对于分数偏低的项目，及时给予指导，或引导学生主动探寻提升方法；对于分数较高的项目，则可让学生总结经验，与其他同学分享。

更重要的是，教师要指导学生学会利用形成性评价标准审视自己的学习表现，看在哪个项目上有待提升、如何提升、首要提升行动是什么。这是提升学生自主学习能力的必经之路。总之，形成性评价是要让学生懂得过程的重要性——过程决定结果。只有关注学习过程，及时了解自己的学习状况，找出学习中存在的问题，在过程中解决自己的疑惑和问题，才能在学习上有好成效。

4. 让学生看到形成性学习评价结果

将形成性评价镶嵌在学习和教学的全过程，用形成性评价帮助教师调整教学策略，促使学生实现自我评价和调整，自觉自律地达成目标，促进学生的学习和发展。

如果想达到以上目的，至少要让评价对学生可见。可是，对于很多学生而言，看到自己学习评价结果的时间往往是拿到期末成绩的时候（期末成绩＝形成性评价分数＋终结性评价分数）。如果这样，形成性评价的功能和价值（学习改进）根本就没有发挥出来。

形成性评价最重要的价值在于它可查、可跟踪、可比较，在于用评价服务于学生学习改进。这个反馈的过程起着重要的调节作用，成为学生成长的引擎。因此形成性评价最主要的操作不是"评价"本身，而是让学生看到形成性评价结果，并作出反应。教师可以每周，甚至每节课下课后及时给（部分）学生写评语、记分数、关注学生学习状态并予以反馈。

5. 形成性评价常见的误区

有教师将观看翻转课堂的视频、资料学习也算作形成性评价项目的内容，依据学生观看、学习的情况给学生赋予分值。但是就算后台数据显示学生观看了视频、查看了资料，那就代表学习真实发生了吗？后台播放着视频能不能同时在玩电子游戏？所以，这个数据意义不大。再者，教学的目的是教会学生知识/技能，提高学生的学习能力，那达到目的就好了，何必在意他看没看视频、学没学资料？也有可能教师提供的视频、资料学生早就学会了，何必让学生仅仅为了获得一个分数再浪费时间呢？

我们不支持将学生观看视频、资料学习的数据计入形成性评价，那了解这些数据是否毫无意义呢？并非如此，它们有助于教师分析学生的学习策略。比如某位同学小测成绩比较低，通过后台数据发现这位同学没有观看视频，反映了学生在未掌握知识的情况下还没有进行自主学习，那教师就可以有依据地提醒他。

小测或者平时作业成绩要不要计入形成性评价分数？也不建议计入。如果学生一学期前两次小测/平时作业成绩都不理想，等到学期中后期学生学习渐入佳境，但却发现成绩输在了起跑线上，岂不是打击学生学习的积极性了？

当教师执着地要给学生一个确定的形成性评价分数的时候，就忽略了形成性评价的功能。分数并不重要，重要的是通过分数所体现的信息来确定如何引导学生形成更好的学习习惯，如何更好地掌握知识和技能。

有教师质疑说如果不靠分数激励，很多学生压根不会认真对待各类学习任务或测验。实际上，学生是否认真对待各类学习任务取决于他是否能在这些学习任务及后续的评价反馈中得到成长。如果总要去完成自己根本完不成的任务，他们会放弃；如果总要去完成太简单的任务，他们也会放弃；如果总在完成任务之后体验不到自己的成长，他们也会放弃……形成性评价不等于过程性控制，越想控制学生，学生就会越反抗。

6. 形成性评价方案

（1）教师随堂学习评价。

教师开展随堂学习评价有意义，通过它可即时检查学生对知识的掌握程度、追踪学生的思维活动和思维方式、摸清学生是否理解完成学习任务所必备的核心概念。先来看一个案例。

教师想确定学生对四则运算顺序的掌握情况。以下两个方案，哪个能更有效地达成目标？

> 方案一
> 请你判断下列表述是否正确：
> 对于 $22-5\times2$，首先，从左向右，先计算 $22-5$，然后计算 $17\times2=34$。
> 方案二
> 请你选择正确答案。$(4+2\times3)+(7-2+1)=?$
> A. 16　　　　B. 24　　　　C. 14　　　　D. 22

方案一只能测试学生是否理解四则运算过程，但是如果他们答错了，并不能判断他们在具体哪个概念或原则上出现了混淆。所以，教师也不知道在哪些方面对学生进行针对性的辅导。于是很多教师选择"再讲一遍"，但也因为不知道学生到底混淆了哪些内容，使得"再讲一遍"通常不起作用。

方案二里每一个选项都代表着学生理解四则运算的一种方式，除正确答案之外，也包含着教师预设学生可能出现的混淆之处，这样，教师通过学生的选择就可判断学生卡在哪儿了，然后就可以有针对性地进行精准教学。具体来看：

A 16（正确答案，如果选择此选项，证明学生掌握了四则运算规则，为

了避免学生碰运气蒙对的现象，教师可以让学生简述或写出具体过程）

B 24（这说明学生从左往右依次计算，在左边括号中先计算了 4+2）

C 14（这说明学生认为先加法再减法，所以右边括号中先计算了 2+1）

D 22（这说明学生犯了 B 和 C 中的两种错误）

显而易见，方案二是更能获得有效教与学改进信息的评价方式。

方案二之所以有效，是因为它找到了"关键问题"。关键问题中有的选项可以反映出学生会犯的错误，有的可以反映出学生的推理过程，教师由此可以检验学生对关键知识概念的理解。

设计关键问题对教师的挑战是：

第一，找到提出关键问题的合适时间节点。即在课程的哪个部分暂停，进行测验。这一般与知识学习环节有关，应在两个知识节点交界之际，提出关键问题。

第二，设计关键问题的混淆选项。要让每个选项都有评价意义的话，那需要把每个错误选项都设计得有意义，也就是它至少包含一个混淆概念[①]。这需要教师熟悉学生的思维，如果教师不了解、无法预设混淆概念，那就多跟其他教师探讨、多看些教参或者多跟学生交流。

第三，题目设计要简洁，且每个答案的内容、结构和长度上要尽量相似。

教师一定要对学科知识有充分的理解，对易混淆知识、概念有充分的辨识，才能设置好关键问题。利用关键问题进行评价的教学流程是：

第一步，先讲解或者以自学的方式让学生学习关键知识概念。

第二步，用关键问题测验学生对知识概念的理解，辨析学生混淆的概念。

第三步，将不同混淆概念的学生进行动态分组，让正确掌握知识概念的学生作为专家分别为每个组进行讲解，教师从中辅助。或者教师直接讲解混淆概念。

总体来说，及时回应关键问题所反映出的学生学习问题，是教学的重点。

[①] 混淆概念，是指学生知识体系中存在的、与学习内容相冲突或不一样的观念或想法。

可能有教师觉得设计关键问题有难度，可以试试"问题链"的随堂评价方式。比如提问（4+2×3）+（7-2+1）=？学生 A 回答说 14。此时，教师不要给出正误的判断，也不要有任何的表情表示正误，而是转向学生 B，问他的想法，如果他支持 A，那就要求他表述具体的思维过程，如果他不支持 A，也追问他的思维过程。然后继续问其他人是否有不一样的结果，如果有，追问他的答案和思维过程。最后，再反过来追问 A 的理解是什么。

在随堂评价中进行教学，融随堂评价于教学，以随堂评价作为教学的一种方式。这就再一次回应了本书的观点：评价的目的是为了教与学的改进。

（2）学生自我学习评价。

大部分学生缺乏自我评价能力，有学生高估自己，有学生低估自己。

有一种心理现象被称为自我提升，是指人常常过高地估计自己，总觉得自己比其他人做得要好。比如，在小组合作中，大多数学生都觉得自己为小组的贡献较大；在宿舍矛盾发生时，大多数学生都觉得应该归咎于舍友，而不是自己……

为什么大家常习惯性地高估自己呢？因为人习惯于在记忆中搜索能佐证自己"有价值、做得不错"的证据，而这些证据只要找，肯定就能找得到。从另一个层面上来说，也是因为评价标准通常是模糊的，毕竟没有人去定义"表现出怎样的合作能力就超过了 50% 的同学""在沟通中有怎样的表现就在宿舍矛盾中占有主要责任"。

同样，有一部分学生常常会高估自己对知识的掌握，知识掌握水平越低的学生越容易出现这种状况。当然，也不乏有一些学生会低估自己对知识的掌握，知识掌握水平越高的学生越容易出现这种状况。也就是说，学生往往缺乏必要的能力来判断自己的学习表现，也缺乏必要的知识来监控自己的学习表现。当学生高估/低估自己的学习表现，那学生对自己的评价是否有价值呢？至少对于学生的学习改进来说，价值就被稀释了。

教师需要为学生提供自我评价支架，协助学生进行自我评价，以下是几种适用于学生的自我评价方式。

一是学习进度记录。给每个学生一个学习进度记录表，每达成一项目标就在记录表上涂色或者画对勾。这种可视化的呈现会启动学生的自我评价。可视化能够让学生清晰地看见自己的进度,并与目标相对比。类似于很多人并没有意识到自己每天用那么长的时间刷手机,直到自己做了每日时间利用表之后,才意识到自己的问题,才有可能做出改变。可视化即是证据,也是更能够触动大脑的一种表现形式。

二是自我比较评价。以写一篇文章为例,让学生比较自己不同时期的写作情况,看看自己的自评分数。并回答以下问题:总的来说,你认为哪篇文章写得更好?为什么?好在哪里?你觉得自己的进步是怎么发生的?如果希望自己能写得更好,你需要教师提供什么样的帮助?表7-3的写作自评比较量规将有助于学生进行自我比较评价。

表7-3 写作自评比较量规

第一次写议论文	第二次写议论文
写作逻辑	
围绕观点、清晰表述(4 3 2 1)	围绕观点、清晰表述(4 3 2 1)
有效的开头和结尾(4 3 2 1)	有效的开头和结尾(4 3 2 1)
有逻辑地推进观点(4 3 2 1)	有逻辑地推进观点(4 3 2 1)
论据	
以一手资料作为论据(4 3 2 1)	以一手资料作为论据(4 3 2 1)
论据清晰、有说服力(4 3 2 1)	论据清晰、有说服力(4 3 2 1)
清晰地引用或归因(4 3 2 1)	清晰地引用或归因(4 3 2 1)
书写常规	
句法无误、书写正确(4 3 2 1)	句法无误、书写正确(4 3 2 1)
标点无误、格式正确(4 3 2 1)	标点无误、格式正确(4 3 2 1)

自我比较评价可以为学生创造条件,让他们达到"个人最好成绩"。就像运动员记录自己的个人成绩,而不仅仅是赢得比赛一样,教师应引导学生

不断地超越他们对自己的期望，鼓励他们努力达到新的水平。只有这样，才能让暂时的学困生不焦虑、有信心、愿意努力，也能让学优生不断地超越自己。

总之，教师要引导学生做更好的自己，将他们的注意力从与他人的竞争转移到自己的成长。多记录，多收获。

三是自己给自己评分。很多教师采用同伴互评的方式，让学生之间、学生小组之间相互打分并解释原因，以期通过这种方式来增加交互式学习。但是，给自己作业打分的学生，其表现可能优于那些参与同伴互评的学生。为什么？可能的原因是，评价自己的作业可以促进更深刻的思考，让学生对下一步做出更好的决定。很多教师担心学生的自我评价会不客观，事实上，大部分学生的评分跟教师给的评分一致性很高。如果产生比较大的差异，说明学生对评价标准的理解并没有与教师达成一致，这恰恰可能是教学的契机。

四是阶段性自我评价。在学习一段时间之后，比如一个单元或者两三周之后，让学生做阶段性自我评估。学生可回答以下问题：

- 我学习了什么？
- 我已经达成了什么学习目标？
- 在该学科上我有何优势？
- 什么地方我还需要继续努力？
- 我尚未达成什么学习目标？
- 我需要再做一些什么努力？

总之，评价不只是为了分数，更是一种学习方式，而教师也可以由评价得到更多的信息，来帮助改进自己的教学。

因为很可能存在高估或低估自我水平的现象，因此学生在自我评价之后，应进行自我学习评价校准。假设学生作业／作品的客观水平为A，学生刚开始自我评价的水平为B，B高于A，学生高估了自己。此时给学生呈现一个比较清晰的自我评价量规作为参照，学生依此来审视自己的作业／作品，并将自我评价水平校准为C。最好的结果是C=A。这就是自我学习评价校准过程（如图7-3所示）。

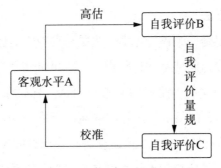

图 7-3 自我学习评价校准

为了减少学生自我评价校准的负担,可在给学生布置任务的同时提供一份自我评价量规。比如要学生制作一节微课,那就同时提供微课的评价量规;要考核学生对某个知识点的掌握程度,那就同时提供此知识点的掌握量规,这样,学生就可以通过评价量规来审视自己的学习情况,并随时进行自我调整。

除了"自我学习评价校准"策略之外,还可以采用"他人评价校准"策略,也可以被称为"找茬"策略。比如,让学生之间相互点评作文。不仅要求给出分数,还要求学生同时给出扣分原因(找茬)和得分理由(学习)。学生给出的这些原因和理由,其实就像一面镜子,在量规之外给学生提供自我评价的参照。

值得注意的是,为了避免学生对别人给自己的分数不满而愤愤不平,所以,一定要让学生把重点放到扣分原因和得分理由上。只有这样,学生才能够对自己的"自我评价"进行校准。

答案评价校准是他人评价校准的特殊形式。学生可在完成测试之后,先自我评价测试的正确性,之后再寻求教科书或参考答案来判定自己评价的准确性,并结合教材或笔记进行自我评价校准。

学生的自我评价通过这两种校准方式,会越来越接近他们的真实水平,同时,他们也会改进学习,学习水平也将越来越高。总之,如果学生只是给自己打分,高估和低估都没有价值,而通过自我评价校准或他人评价校准,学生能够改进自己的学习,这才能达到自我评价的真实目的。

（3）同伴互评方法。

同伴互评不仅仅是一个评价方案，更是一种教学方法或者是一种学习设计。学生能够通过参与同伴互评过程进入高阶思维和学习状态。但很多教师反映，同伴互评有意义，但是组织起来很困难。真的那么难吗？其实不然，关键是要理解同伴互评的目的，用好同伴互评策略。

若问同伴互评的目的，教师首先想到的是什么呢？为了减少教师工作量，让学生做评价者？还是为了让教学环节设置更完整？显然，这都是对同伴互评的误解。同伴互评的主要目的有四个：

一是负有同伴互评责任的学生会仔细倾听被评价学生的答案、观察被评价学生的作业或测验，甚至会主动找被评价学生沟通以确定他的观点，而这本身就是学生主动参与学习的过程。

二是负有同伴互评责任的学生若想客观评析被评价学生的观点或作品，就需要准确把握评价量规，提升自己分析、甄别、判断、评论、表达的能力。通常教师所期望培养的学生的创新精神、创新能力正是在这个过程中落到实处的。

三是被评价的学生一旦意识到自己被同伴评价，就会在学习任务上表现出更多的投入和耐心，他们有可能搜索更多的资料，寻求更多的帮助，进行更有深度的分析和探讨，他们的目的就是在同伴评价中斩获佳绩。

四是教师能够通过观察学生在评价与被评价过程中的表现了解学生对知识的掌握和组织情况、思维的发展情况、学习的投入情况等。比起冷冰冰的分数，学生在同伴互评中的表现更有温度，也能提供更有效的信息，有助于教师的继续教学。

总之，于学生而言，通过同伴互评，他们在课堂上有自由支配的时间和空间，可以自由表达观点，可以对问题作出批判性分析，可以充分地发表意见、质疑问难，这一切无疑都会激发学生的学习热情和探索欲望。

于教师而言，在同伴互评中学生思维的碰撞，产生了各种认识、观点、答案，这是学生参与课堂的行为，也是可供教师利用的生成性教学资源。同伴互评将这些资源从隐性状态上升到显性状态，从个体独享状态上升到群体共享状态，从散乱无序状态上升到条分缕析状态，这样的课堂更生动，学生的参与感、成就感更强。

相比教师评价，学生会更在意同伴评价，因为从心理学的角度讲，学生的自尊多来源于身边重要的人如何看待他。比起更为成熟的教师，学生更在意同龄人的看法。在很多学生心目中，教师优秀是应该的，对某个问题教师有更好的解决方案也是理所当然的。但是，如果同龄人，尤其是当同班同学有奇思妙想，有结构性表达，有近乎完美的展现，且这么"厉害"的同学还要来评价"我"，大部分学生就会更在意一些，行动起来的学生也会更多一些。

事实上，同样一个建议，比如借用思维导图工具梳理知识体系，由教师告诉学生，学生就会觉得这是一个命令或任务而排斥。如果是同学在同伴互评环节提出这个建议就比较容易被学生接纳，甚至他还会去思考有没有其他方式让知识可视化效果更优化，毕竟，他还有超越那位提建议同学的愿望。

心理学家阿德勒认为追求卓越是所有人具有的一种先天本能，而同伴互评就是学生相互赶追比超、追求卓越的过程。在同伴互评中，学生既能看到其他同学的优势与进步，又能看到自己的突破点和进步点。

课堂同伴互评看起来简单，对教师的要求却很高。

一是教师要有把握全局的能力。当学生回答和评价跑偏时，要及时把学生的思路拉回来；当学生表达不清晰或出现卡顿时，要通过问题引导学生进一步思考和阐释；当学生评价用语不当时，既要"打好补丁"以防学生产生冲突，又要引导学生学会表达的艺术；当学生不知如何评价时，要指导学生把握关键、区分重点、对比差异、提炼概括，帮助学生提升评价能力……学生并不习惯当众评价其他学生作品，也缺乏评价技能和表达技巧，教师需要在课堂现场进行引导和指导。

二是教师要能够在学生回答问题和相互评价、阐释的基础上进行针对性的整合讲解。也就是说，既要敢于把寻找问题答案的过程交给学生，也要具备整合、分析、提炼的能力。

以上两条要求既需要教师在课前多准备相关学科知识，也需要教师在课上磨练，保持谦卑心态，在实践中摸索与精进。如果过于担忧实施课堂同伴互评而产生的错误或无序，那教师就总也不能迈出第一步，所以，相信并勇敢尝试，体验一下同伴互评的甜头吧！

常见的同伴互评是作业同伴互评和组间同伴互评两种方式。谈到作业同伴互评，教师用的最多的策略，就是让小组之间相互打分。这种方式经常会出现各种问题：学生不好意思给其他组评分太低，也担心其他组因此给自己组评分低；各小组的分数区分度不高；学生随意给个分数，糊弄了事。鉴于以上各种问题，可采用修正策略：在学生进行同伴互评之前，先让学生学习同伴互评量规，然后参照互评量规给其他组评分。

如果没有互评量规也没关系，教师可让学生先进行同伴互评。同伴互评的分数不重要，重要的是如何"评论"。在同伴互评给分的同时，要求评价组学生说出：该组作业的优秀之处有哪些，问题还有哪些，有哪些改进建议，对我们组的启发是什么。然后教师参照各组学生的评论"动态生成"同伴互评量规，再一起讨论量规的有效性，这样，学生就参与了互评量规的生成和制定过程。

另外，针对同伴互评给分难的问题，也可以以投票的方式解决。比如把规则改为：每组有两票，可以分别投给除了自己组以外的其他组，并给出相应的理由。如果此时仍然有教师担心学生之间给友情分，或者担心学生评价能力不够，那不妨这样想：

● 如果某个或某组学生能拿到很多友情分，这说明他／他们有朋友、有人喜欢。教师的育人目标里应该有一条——培养具备社会适应力的人。毕竟没有哪个教师希望自己的学生是书呆子。

● 那些可能没有得到公平评价的学生，也需要学会自己面对和解决一个难题：如何让更多的人看到我值得更好的评价？而这个难题，也是人一生的课题，甚至是很多教师当下都正在面临的课题。

教育不是抹平一切困难，也不是给学生呈现完美的世界。教育是帮助学生理解这个世界的真相，同时有能力面对这个世界的真相。我们不培养一个小小的"不公平"就能打趴下的怨天尤人的学生，而要培养遇到"不公平"

就会想"接下来我怎么做能减少不公平的评价"的学生!

组间同伴互评通常是各小组汇报,其他小组倾听汇报并进行评价和反馈。看起来没什么问题,但也隐含着一些不易觉察的弊端,比如汇报组汇报时,其他组忙于准备自己组的内容而不认真听;一旦确定了谁汇报,其他学生就置身事外。为解决以上问题,可采取两个方式组织组间同伴互评:提问式组间同伴互评、交互汇报式组间同伴互评。

● 提问式组间同伴互评:随机抽汇报组的成员汇报,汇报结束后,汇报组提出与本组所汇报内容相关的问题,然后随机抽某倾听组成员来回答。另一方面,倾听组也针对汇报组所汇报内容准备问题,在汇报组汇报结束之后,教师随机抽倾听组某成员来提问汇报组。相互提问+随机选人能有效保障所有学生的参与,同时,也让学生在提问与回答的基础上更相互了解各组汇报内容,让组间互评也更客观、真实。

● 交互汇报式组间同伴互评:每组派一个代表去另一个组做汇报。假设班里有6个小组,1组代表去2组汇报,2组代表去3组汇报……6组代表去1组汇报。每个小组剩下的人要负责倾听他组代表汇报,提出澄清式问题,说明自己从该组学到了什么,尝试给该组提出改进建议,并给出相应的分数。这种同伴互评的效果,与教师选一两组学生做汇报相比,更节省时间,还能让更多的同学主动参与到同伴互评之中。

后 记

慢慢来，比较快

或许您对书中的一些观点、工具、方法不甚认同，那也没有关系，但是在反对之前，可以先试着实践一下。反对或者拒绝一件事情的前提是我们足够了解它，而实践是一个了解它的好路径。

或许您会发现自己在之前的教学里犯过不少错误，心中有一丝对自己的责备。可是这本书的目的不是为了让我们责备自己，而是激发我们的反思和行动。责备会伤害我们自己，但是即刻的教学改进会让我们心生欢喜。

或许您意识到自己需要改进的地方太多了，有点着急，可是，比起全面的变革，不如一点一点地从微变革开始。先调整一个地方，尝到甜头，再调整另一个地方。慢慢来，比较快。

或许您想"抄作业"，直接复制书里的案例、做法或流程，却又在隐约中感觉不适用于自己、自己的学生或者自己所任教的课程。也别失望，毕竟这本书只是参考答案，而非正确答案。真正的教学设计是由你设计的。

最后，分享一个我的想法。

有些时候，我知道怎样组织教学效果会更好，但是我也知道那样会很难，可能会遇到阻力，而我的心力不足以支持我面对可能的阻力，那我就会暂时放弃，让自己缓一缓。选择一种让我比较轻松，学生也比较轻松，但是教学效果并没有那么好的教学方式。

我想，教师一定要先照顾好自己，再想怎么做好教学。我们不需要时时刻刻都把教学这件事做到极致，要允许自己有时候做不到。

我想，我们首先是一个人，然后才是教师。

图书在版编目（CIP）数据

以学习为中心：教学设计新思维 / 崔佳著.
—上海：华东师范大学出版社，2024
ISBN 978-7-5760-4804-9

Ⅰ.①以… Ⅱ.①崔… Ⅲ.①教学设计 Ⅳ.① G42

中国国家版本馆 CIP 数据核字（2024）第 051345 号

大夏书系 | 有效教学

以学习为中心：教学设计新思维

著　　者	崔　佳
责任编辑	任红瑚
责任校对	杨　坤
封面设计	淡晓库

出版发行	华东师范大学出版社
社　　址	上海市中山北路 3663 号　邮编 200062
网　　址	www.ecnupress.com.cn
电　　话	021-60821666　行政传真 021-62572105
客服电话	021-62865537
邮购电话	021-62869887
地　　址	上海市中山北路 3663 号华东师范大学校内先锋路口
网　　店	http://hdsdcbs.tmall.com/

印刷者	三河市龙林印务有限公司
开　　本	700×1000　16 开
印　　张	15.25
字　　数	210 千字
版　　次	2024 年 4 月第一版
印　　次	2025 年 7 月第七次
印　　数	18 101 - 20 100
书　　号	ISBN 978-7-5760-4804-9
定　　价	69.80 元

出 版 人　　王　焰

（如发现本版图书有印订质量问题，请寄回本社市场部调换或电话 021-62865537 联系）